PLAYER 1
ALEXIS RODRÍGUEZ RAMOS

GAME ON
PUERTO RICO

LA CULTURA  GAMER BORICUA

**EDITORIAL
IGUALDAD**

Game On Puerto Rico: La cultura gamer boricua
Primera edición, 2016
©Alexis Rodríguez Ramos
©Editorial Igualdad
San Juan, Puerto Rico

ISBN-13: 978-1517683535
ISBN-10: 151768353X

Diseño y Producción: ZOOMideal
Director de Arte y Diseñador: Juan Carlos Torres Cartagena
Director de Producción: Arturo Morales Ramos

Impreso:
Estados Unidos

(787) 923-1988
GameONpuertorico@gmail.com
www.GameONpuertorico.com
www.facebook.com/gameONpuertorico

DEDICATORIA

Quiero dedicar este libro a mi madre, María Cristina Ramos, por alimentar mi imaginación desde pequeño, y a mi padre Salvador Rodríguez Rivera por las consolas de videojuegos que nos regaló. Gracias a ambos por proveernos a mi hermano Alfonso, a mi hermana Jessica y a mí más de lo que necesitábamos para tener una gran infancia y una buena vida. A ellos mi cariño, mi respeto y mi admiración.

AGRADECIMIENTOS

Este trabajo no hubiera sido posible sin el apoyo de varias personas. Quiero agradecer a Margarita Aponte Rivera por su apoyo incondicional en todo el proceso de la investigación y redacción de este libro, así como en todos los otros proyectos de mi vida. También quiero a agradecer a Ángel Pérez Pérez por su apoyo para que pudiera terminarse el libro. A Juan Carlos Torres y Arturo Morales de ZOOMideal quienes con su ingenio y creatividad lograron que este libro se completara en un corto tiempo. A todas estas personas mi más sincero agradecimiento.

TABLA DE CONTENIDO

PRIMERA PARTE

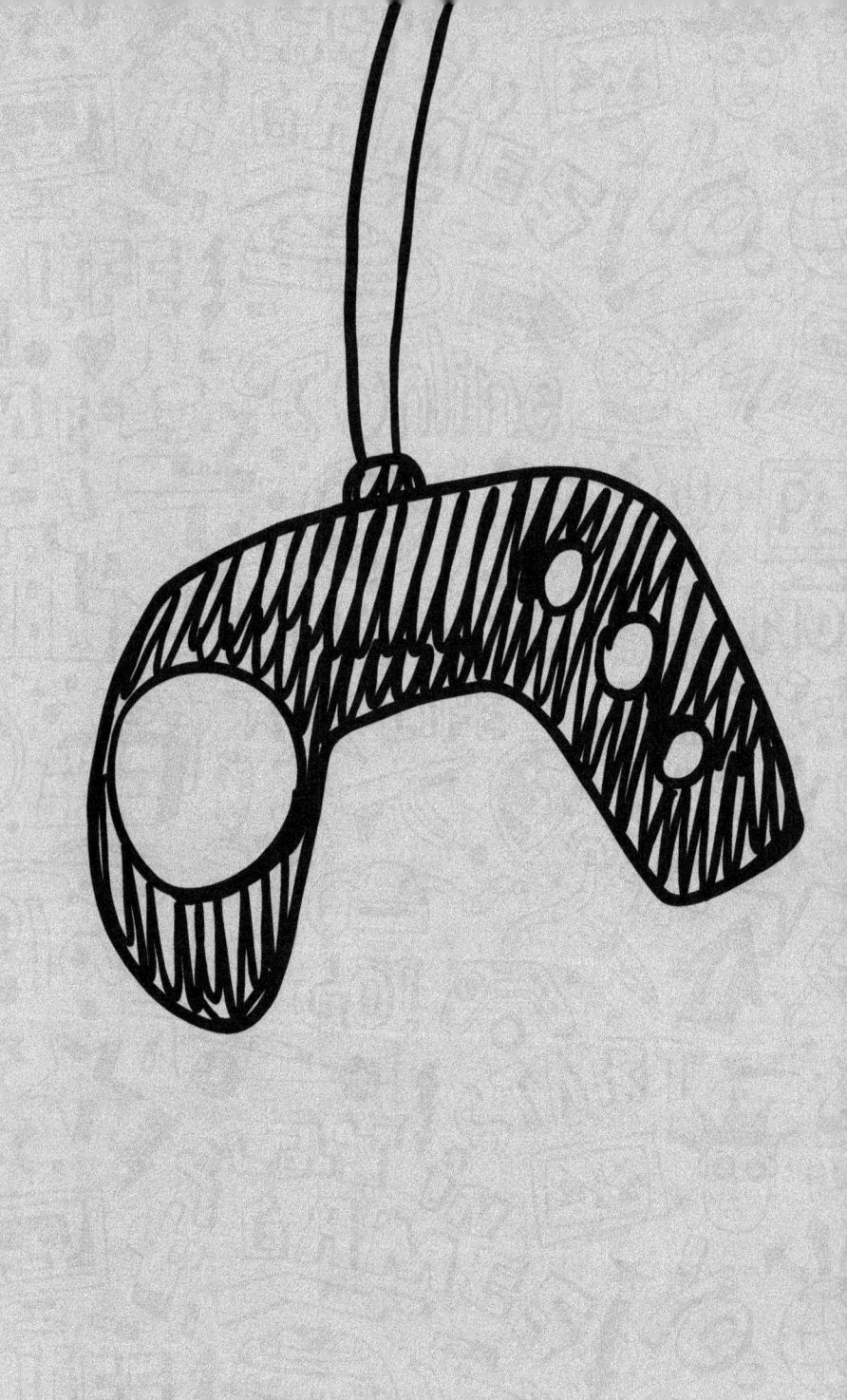

INTRODUCCIÓN

El primer videojuego que jugué en mi vida fue un juego de *bowling* para la consola *ColecoVision*. Tiempo más tarde, mis padres nos regalarían a mi hermano y a mí nuestra primera consola, el Atari 2600. Con esta consola conocimos a *Pac-Man*, *Jungle Hunt*, *Centipede*, *Galaga*, *Frogger*, *Combat* y *Smurfs*, entre otros. También recuerdo el día en que mi padre trajo a la casa el Nintendo Entertainment System y con él llegaron *Super Mario Bros*, *Duck Hunt*, *Punch Out*, *Metroid* y *Tecmo Bowl*, entre muchos otros juegos. Desde entonces siempre he estado vinculado con los videojuegos. En algunas épocas, debido a las responsabilidades que van surgiendo como parte de la vida cotidiana, mi tiempo de juego se ha visto reducido, pero nunca ha desaparecido por completo. A partir de mi vínculo con los videojuegos, me interesa conocer la forma en que las personas perciben e interaccionan con los videojuegos.

Tres eventos me motivan a compartir este trabajo. En primer lugar, en uno de mis cursos doctorales, la profesora nos invito a la presentación de un caso clínico que ella estaba asesorando. Se trataba de una joven diagnosticada con depresión, la cual tenía como causa el rompimiento de una relación amorosa. Lo interesante del caso es que lo joven y su pareja nunca se vieron de forma presencial, solo mantuvieron su relación a través del juego *World of Warcraft*. La profesora, a quien considero como una excelente psicoanalista, hacía referencia a un cierto grado de inmadurez por parte de la joven por esta jugar videojuegos. Comprendí que su análisis estaba basado en una premisa incorrecta, ya que partía de la idea de que los videojuegos son cosas solo de los/as niños/as y esta visión, pensé en ese momento, afectaba su análisis de la joven.

El segundo evento que debo mencionar ocurrió cuando estaba haciendo el trabajo etnográfico para el estudio que se presenta en este libro. Uno de los participantes en los escenarios observados me comentó que fue a la alcaldía de su pueblo para solicitar un espacio para organizar un torneo de videojuegos y se lo denegaron bajo el argumento de que los videojuegos promueven la violencia. El tercer evento, está relacionado también con esta popular percepción de un vínculo entre violencia y videojuegos. Una compañera profesora me pregunto qué tipo de juegos, a partir de la encuesta en línea que había llevado a cabo, preferían las personas. Conteste que los tipos de juegos preferidos por los/as jugadores/as eran los de acción y aventura y los de disparo en primera persona. Ella me respondió "eso era lo que me temía." Los tres eventos mencionados me hicieron pensar que hay un gran desconocimiento, tanto a nivel de los profesionales de la salud y la academia, así como del público general, sobre que es un videojuego en los tiempos contemporáneos y cuáles son los beneficios o consecuencias de jugar según las investigaciones que se han realizado desde diferentes campos, como por ejemplo la psicología.

Este libro pretende compartir algunos de los hallazgos que he encontrado en los últimos años sobre los videojuegos, incluyendo los resultados del primer estudio realizado en Puerto Rico con videojugadores/as. He dividido este libro en dos partes. En la primera parte se recogen una serie de ensayos sobre los videojuegos, que incluyen desde una definición y características de los mismos, aportaciones investigativas desde diferentes áreas de la psicología, la sociología, la neurociencia, los estudios culturales, así como una discusión del llamado *Rage Quit* y su relación con los videojuegos. Estos ensayos contribuirán a ampliar en la persona lectora su conocimiento sobre las discusiones más relevantes sobre el tema de los videojuegos.

En la segunda parte del libro se presentan los resultados del primer estudio con videojugadores/as en Puerto Rico. La relevancia de esta segunda parte tiene varias dimensiones. En primer lugar, los videojuegos forman parte de la vida cotidiana de la sociedad puertorriqueña y no se conocen datos sobre esta práctica en la Isla. Reconociendo no solo el alcance que ha tenido esta práctica a nivel local sino también a nivel global, entendemos que jugar videojuegos se constituye como un espacio de estudio de interés. En segundo lugar, se desconoce que significa para los/as jugadores/as puertorriqueños/as definirse como un videojugador/a y como estos/as asumen esta identidad. Tercero, examinamos como esta identidad se aleja o valida los imaginarios sociales existentes en nuestra sociedad sobre los/as videojugadores/as. En cuarto y último lugar, los datos recopilados en esta investigación nos permitirán en un futuro realizar otras investigaciones vinculadas, no solo con los posibles efectos de los videojuegos en los usuarios, sino también con teorías como por ejemplo la teoría de representaciones sociales y la construcción social de la realidad, entre otras.

En esta segunda parte del libro se presentan y analizan las tres técnicas de recolección de datos que fueron utilizadas. En primer lugar, se realizaron observaciones etnográficas en escenarios en los cuales interactúan los/as videojugaodores/as. En segundo lugar, se llevo a cabo una encuesta en línea que contó con un total de 505 participantes. Por último, se presentan los resultados de un análisis temático llevado a cabo a partir de entrevistas semi estructuradas de varias personas usuarios/as de los videojuegos. Cada una de estas técnicas de recolección de datos se discutirán en stages individuales, en los cuales se expone el proceso de diseño, recolección de datos y análisis de los mismos.

PRIMERA
PARTE

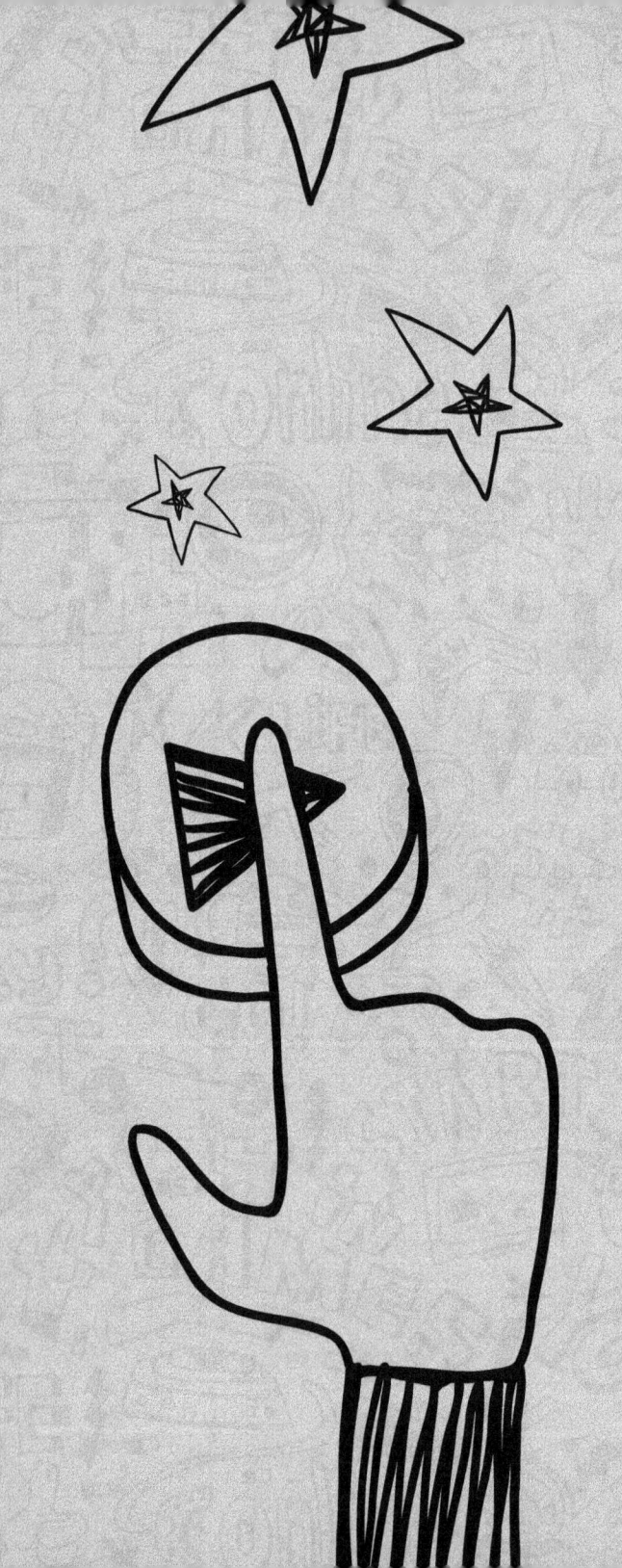

STAGE I
Aproximaciones iniciales al estudio de la cultura de los videojuegos en Puerto Rico

¿Qué es un videojuego?

Los videojuegos, vinculados a la televisión por necesidad (Greenfield, 1984) e influenciados por el cine (King & Krzywinska, 2002), proceso que ha sido recíproco en los últimos años, representan un tipo de medio diferente. Se trata de un medio interactivo en el cual él o la usuario/a decide, dentro de las opciones ofrecidas por la programación del juego, el tipo de acción que se desarrollará en la pantalla. Esta posibilidad de interacción contrasta marcadamente con la pasividad de la televisión y el cine. Lenhart, Kahne, Middaugh, Rankin Macgill, Evans & Vitak. (2008) definen los videojuegos como cualquier tipo de software de entretenimiento interactivo, incluyendo cualquier tipo de computadora, consola, juegos en línea o dispositivos móviles.

Para Roman Gubern, un videojuego es "un sistema, con una estructura planificada, sistemática y predecible, con opciones predefinidas por su diseñador, personaje cuyas funciones son equivalentes a las del director-guionista de una película." (Gubern, 1996, p. 26). Diego Levis define los videojuego como "[un entorno informático que reproduce sobre una pantalla un juego cuyas reglas han sido previamente programadas]" (Levis, 1997, p. 8). Estos autores toman en consideración al presentar sus definiciones sobre los videojuegos dos aspectos primordiales de los mismos: su aspecto técnico y su estructura narrativa. Aquello que ocurre en un videojuego está determinado por su programación (aspecto técnico), suscribiéndose las acciones que ocurren en el mismo a una serie de posibilidades limitadas que están vinculadas a la historia del juego (estructura narrativa).

El aspecto técnico de los videojuegos hace referencia tanto al soporte lógico del juego (*software*), así como al tipo de *hardware* que se utiliza para jugar. Algunos tipos de *hardware* en los que se puede jugar un videojuego son: las consolas de juegos (como el Playstation o el X Box), los juegos portátiles (como el PlayStation Portable o PSP), las computadoras personales (PC), los teléfonos celulares y la televisión por cable / satélite y en menor medida las máquinas tipo "arcade".

A partir del trabajo de Wolf & Perron (2002), identificamos cuatro elementos básicos de los videojuegos: las gráficas, el interfase jugador / *hardware*, la actividad del jugador y los algoritmos. Las gráficas pueden definirse como "Cualquier tipo de cambio y visualización cambiable en una pantalla, que implica algún tipo de formación de imágenes basado en píxeles." (Traducción del autor) (Wolf & Perron, 2002, p.15)[1] Es decir, las gráficas están vinculadas al componente visual de los juegos, construyendo un mundo *diegético* en el cual se inserta el jugador. La interfaz, por otro lado, es la relación que establece el usuario con el videojuego, a través del uso de la pantalla, las bocinas, los teclados, ratones, *joysticks*, pistolas de luz y otros artefactos que establecen una conexión entre el jugador, el *hardware* y el *software*. "La interfaz, entonces, es realmente un punto de unión entre la entrada y la salida, *hardware* y *software*, y el jugador y el juego material en sí, y el portal a través del cual se produce la actividad del jugador."

---

1 "some kind of changing and changeable visual display on a screen, involving some kind of pixel-based imaging." (Wolf & Perron, 2002, p.15)

(Traducción del autor) (Wolf & Perron, 2002, p.15)[2]

La interfaz del juego hace posible el acceso a la información que nos ofrece el propio juego. La mayoría de los juegos proveen una serie de indicadores tales como flechas de dirección, retículas que sirven como blancos para disparar o barras que indican la condición en que se encuentra el avatar. Los indicadores se utilizan para informar y dirigir la actividad del jugador. Esta actividad del jugador puede dividirse en dos áreas: la actividad *diegética* (aquella acción que ejecuta el avatar como consecuencia de una serie de comandos emitidos por el jugador al presionar un botón o mover una palanca) y la actividad *extradiegética* (la que realiza el jugador para que el avatar realice la acción en el juego). Por ejemplo, si el jugador aprieta un botón (actividad *extradiegética*) el avatar salta (actividad *diegética*).

Un último aspecto presente en todos los videojuegos es aquel que tiene como propósito integrar al resto de los elementos. Nos referimos a los algoritmos, los cuales pueden definirse como el programado que regula las gráficas y el sonido del juego, los controles y otros artefactos que conectan al jugador con el juego, así como el comportamiento de los avatares y otros personajes dentro del juego. Las funciones del algoritmo pueden entenderse a partir de cuatro dimensiones: representación, respuestas, reglas y variación del juego. La representación es aquel aspecto del algoritmo cuya función es intercalar de forma coherente las gráficas y el sonido con la acción de jugar. El sonido y la acción deben ser simultáneos a la acción para dar al juego una sensación de realidad. Si se destruye un jarrón en el juego, el sonido producido debe ser diferente al sonido

---

2 "The interface, then, is really a junction point between input and output, hardware and software, and the player and the material game itself, and the portal through which player activity occurs." (Wolf & Perron, 2002, p.15)

que se produce cuando se destruye una puerta. Pero no solo debe ser el sonido diferente, éste debe producirse en el mismo instante en que el avatar golpea el jarrón.

Las respuestas, por otro lado, incluyen las acciones y reacciones hechas por el algoritmo en respuesta a los cambios de situaciones y datos dentro del juego. Las respuestas controlan los eventos en el juego, los personajes del juego no controlados por el jugador (por ejemplo los personajes de final de tabla), así como también se encargan de delimitar las acciones que puede realizar el avatar. Las reglas, por su parte, imponen las limitaciones del juego y determinan qué se puede y qué no se puede hacer en el juego.

La última dimensión del algoritmo es aquella que tiene como función evitar que el juego se convierta en uno monótono. Las variaciones del juego hacen que el juego no sea exactamente igual al implantar variaciones en los eventos, adversarios, obstáculos del juego, así como en el orden y el tiempo en que éstos tienen lugar. El algoritmo es responsable de la característica fundamental de los videojuegos: su interactividad. "El jugador de videojuegos tiene que responder a los eventos de tal forma que produzca un efecto en lo que sucede en la pantalla, algo que no suele ser exigido de los lectores de libros o los espectadores de películas." (Traducción del autor) (King & Krzywinska, 2002, p. 22)[3] La acción del jugador producirá una respuesta en el juego que le permitirá continuar jugando, controlando en el proceso el ritmo del juego. Para Gubern (1996), la interactividad es una propiedad de un sistema informático que ejecuta las órdenes de su usuario y le suministra su respuesta en tiempo real. La interactividad de los videojuegos permite al usuario insertarse en un mundo ficticio donde la

---

3 "The videogame player has to respond to events in a manner that affects what happens on screen, something not usually demanded of readers of books or viewers of films." (King & Krzywinska, 2002, p. 22)

acción está condicionada a que el jugador participe para que la trama del mismo pueda desarrollarse.

Breve historia sobre los videojuegos

La historia de los videojuegos es una historia reciente y relativamente corta. Siguiendo a Egenfeldt-Nielsen, Heide Smith & Pajares Tosca (2013), para comprender de forma amplia los videojuegos contemporáneos, tanto en su aspecto estético como tecnológico hasta su influencia cultural, debemos conocer la historia de la industria. Para algunos/as lectores/as, este recorrido constituirá un viaje a un pasado no tan lejano, a partir del cual podrán recrear en su memoria las imágenes de los juegos a los que haremos referencia. Para otros/as, este recorrido constituirá un primer acercamiento a la historia y desarrollo de los videojuegos. Según Kent (2001), en su libro *The Ultimate History of Videogames*, la historia de los videojuegos comenzó en 1961 con la creación de *Spacewar*, el primer juego en computadora, El juego creado por Steve Russell en una computadora PDP-1 (Programmable Data Processor-1), mientras estudiaba en el Massachussets Institute of Technology (MIT), consistía en un duelo entre dos naves espaciales que disparaban torpedos. Las batallas se llevaban a cabo alrededor de un sol, conocido como *'Edwards sun'*, cuyo campo gravitacional podía utilizarse para impulsar las naves. Con este movimiento, los jugadores podían desarrollar estrategias de ataque y sorprender a sus adversarios. Sin embargo, el juego de Russell poseía una gran desventaja, el mismo solo podía ser jugado en un PDP-1, una gran computadora del tamaño de un automóvil. Esta limitación fue superada por Ralph Baer, quien concibió la idea de inventar un juguete electrónico para ser utilizado en el hogar.

Baer desarrolló la primera consola de juegos para el

hogar en 1972. La consola, conocida como el Magnavox Odyssey, recreaba electrónicamente un juego de ping-pong. Sin embargo, la invención de Baer no tuvo el éxito que éste anticipaba debido al alto precio de la consola y al mal manejo de la compañía Magnavox en la promoción y venta de ésta[4]. A pesar de las dificultades que experimentaron los primeros intentos por desarrollar un nuevo tipo de entretenimiento, los proyectos innovadores de Russell y Baer sentaron las bases para el desarrollo de la industria. El juego *Spacewar* sirvió de inspiración para que en 1970, el ingeniero eléctrico e inventor, Nolan Bushnell creara la versión *arcade*[5] de *Spacewar,* llamada *Computer Space*[6]. En el proceso de creación de *Computer Space*, Bushnell creó también una industria, y fue el primero en percibir la potencialidad de los juegos como un negocio.

Con el propósito de promover el desarrollo de juegos comercialmente Bushnell fundó, en 1972, junto a Ted Dabney, la compañía de entretenimiento Atari. Ese mismo año la compañía tuvo su primer éxito comercial, *Pong*. El ingeniero de Atari, Al Alcorn, creó el juego *Pong*, el cual

---

4 "Magnavox did a really lousy engineering job- [they] over-engineer the machine. Then they upped the price phenomenally so that the damn thing sold for $100. Here's this thing I wanted to sell for $19.95 coming out at $100. Then in their advertising they showed it hooked up to Magnavox TV sets and gave everyone the impression that this thing only worked on Magnavox TV sets." [Comentario hecho por Ralph Baer y recogido en el trabajo de Kent (2001, p.25)]

5 Se utilizará la palabra "arcade" para hacer referencia a las primeras máquinas comerciales de videojuegos. Estas máquinas consistían de un gabinete hecho de plástico, arcilla o madera que incluye una pantalla (similar a la utilizada en la televisión) sobre la cual se proyecta el videojuego.

6 *Computer Space* fue la primera máquina *arcade* de videojuegos. (Kent, 2001)

simulaba un juego de ping-pong entre una o más personas[7], comisionado por Bushnell, quien asignó la creación del juego simplemente como un ejercicio para Alcorn.

El juego fue un éxito instantáneo, convirtiendo a Atari en una de las compañías de más rápido crecimiento en Estados Unidos. Como consecuencia del éxito del juego, Atari creó en 1975 una versión casera de *Pong (Home Pong)*, llevando por primera vez su producto a los hogares[8]. A partir de este momento se inicia la carrera por la conquista de los hogares, la cual representó el futuro de la industria de los videojuegos.[9] Atari continuó su inserción en los hogares con el lanzamiento de la consola Video Computer System (VCS) en 1977. Esta consola, conocida también como el Atari 2600, introdujo el *joystick,* una palanca en un pedestal, la cual servía para jugar los juegos de tanques y aviones del juego *Combat,* incluido con la compra de la consola.

Durante los últimos años de la década de los 70 y principios de los 80, Atari introdujo los juegos que se convertirían en la base de su éxito comercial y, algunos de

---

7 El juego de Alcorn era similar al juego creado por Baer, razón por la cual este ultimo acudió a los tribunales para reclamar sus derechos de autor. Finalmente, el pleito fue resuelto fuera de la corte.

8 Home Pong no fue la primera consola de videojuegos para el hogar. La primera consola fue el Magnavox's Odyssey, la cual salió al mercado en 1972.

9 Las consolas que han surgido en los últimos 30 años cronológicamente son las siguientes: Magnavox Odyssey, Home Pong. Channel F, Atari2600, Odyssey2, Intellivision, Vic-20, Vectrex, Arcadia 2001, Coleco Vision, Atari 5200, MSX, Atari 800xl, Nintendo (Nintendo Entreteinment System, NES), Sega Master System, Gameboy, TurboGraf 16, Sega Genesis, NeoGeo, Game Gear, Super Nintendo, Sega CD, Sony Play Station, 3DO, Sega Saturn, Atari Jaguar, Nintendo 64, Sony Playstation 2, Microsoft X-Box, Nintendo Game Cube, XBox 360, Nintendo Wii, PlayStation 3, Wii U, Playstation 4 y Xbox ONE.

ellos, en los íconos de la nueva industria. En 1979[10] Atari lanzó *Asteroids*, juego muy similar a *Spacewar*, el cual llegaría a convertirse en uno de los juegos más conocidos y vendidos de la compañía. En 1978 fue lanzada la versión *arcade* del juego *Space Invaders*. En *Space Invaders* el jugador controlaba una pequeña nave de lado a lado en el fondo de la pantalla. El objetivo del juego era evitar que una línea de alienígenas que marchaba de forma horizontal, descendiendo de forma vertical al llegar al extremo derecho de la pantalla, aterrizara en el fondo de la pantalla. El jugador perdía el juego de dos formas: por la destrucción de todas sus naves o por la llegada de los alienígenas al fondo de la pantalla. Una de las características del juego estribaba en que el mismo no tenía un final. Aún si llegaban a ser destruidas todas las naves que aparecían en la pantalla, otras continuaban apareciendo[11]. Fue tan grande el éxito alcanzado por la versión *arcade* de *Space Invaders* que el mismo se convirtió en 1980 en el primer juego de *arcade* en ser transformado en un cartucho para consolas, iniciándose así una nueva tendencia en la industria.

Otro juego exitoso en su formato *arcade* que llegó a las consolas en 1981 fue *Pac-Man[12]*. Diseñado por Toru Iwatani y lanzado originalmente por la compañía Namco en 1980, *Pac-*

---

10 Otro evento significativo en la industria tuvo lugar durante 1979. Warren Robbinet introdujo el concepto del *"Eastern Eggs"* al crear un cuarto secreto, en el cual aparecía su nombre, dentro del juego *Adventure*. Luego de la creación del *"Eastern Egg"* por parte de Robbinet (quien creó el cuarto secreto como protesta por la falta de reconocimiento al trabajo de los programadores) muchos juegos incluyeron cuartos secretos, añadiendo un nuevo atractivo a los juegos. Ver Kent (2001, p. 188)

11 "There was no way to beat Space Invaders: the alien waves kept coming until the player either gave up or was killed. The best you could hope for was to post the highest score of the day at the top of the screen." (Kent, 2001, p.117)

12 Toru Iwatani, tomo como punto de referencia para el desarrollo del juego la palabra japonesa *'taberu'* que hace referencia a la acción de comer. (Kent, 2001)

Man posee el record del juego *arcade* más popular de todos los tiempos (300,000 unidades vendidas mundialmente). *Pac-Man* es un juego extremadamente simple; el jugador, utilizando a *Pac-Man*, debe recorrer un laberinto con el fin de "comerse" todos 240 puntos (dots) que hay en el laberinto, procurando no ser atrapado por cuatro fantasmas que recorren el mismo laberinto. El jugador va incrementando su puntuación como consecuencia de "comer" tres cosas: los puntos (dots) del laberinto, las frutas que aparecen en un lugar específico del laberinto, o los fantasmas (luego de "comer" una de las "píldoras de poder" localizadas en las esquinas del laberinto). El jugador pierde el juego si *Pac-Man* es capturado por alguno de los fantasmas. *Pac-Man* representó un cambio paradigmático en la temática de los juegos. *Pac-Man* transformó la industria del videojuego ya que antes de este juego, la mayoría de los juegos eran sobre disparar extraterrestres, y luego de *Pac-Man*, la mayoría de los juegos fueron sobre laberintos (Kent, 2001). Debido al éxito del juego se produjeron dos juegos adicionales alrededor de la figura de *Pac-Man*, siendo el más exitoso de estos *Ms. Pac-Man*, lanzado en su versión *arcade* en 1982 por la compañía Midway.

Según Kent (2001), también en 1982, año en que Atari lanzó al mercado la consola Atari 5200, tuvo lugar, sin ninguna razón aparente, la primera crisis económica de la industria de los videojuegos en Estados Unidos[13]. La crisis continuó durante todo el año de 1983, colapsando finalmente la industria en 1984. Sin embargo, la crisis económica sólo se produjo en Estados Unidos, en Japón la historia era algo diferente. Fue precisamente en Japón, de la mano de la compañía Nintendo, donde la industria de los videojuegos se revitalizaría.

---

13 No hay razones específicas que justifiquen o propiciaran una crisis en la industria. "The video-game industry began its decline in mid-1982. The industry didn't crash; it simply stopped from growing." (Kent, 2001)

En 1983, Nintendo lanzó en Japón una consola bajo el nombre de Famicom (Family Computer). Nintendo no era una compañía desconocida en el mundo de los videojuegos, su experiencia en la industria procedía del éxito de la versión *arcade* del juego *Donkey Kong* en 1981, un juego conocido tanto en Japón como en Estados Unidos. El Famicom hizo su entrada en el mercado nacional estadounidense en 1986 bajo el nombre de Nintendo Entertainment System (NES). Como consecuencia de la crisis de los videojuegos en Estados Unidos, Nintendo decidió promover su producto como un centro de entretenimiento y no como un simple videojuego. La estrategia fue efectiva y Nintendo se convirtió en un producto exitoso, reviviendo y transformando la decaída industria de los videojuegos.

Varias fueron las razones para que Nintendo alcanzara el éxito. Una de las grandes innovaciones de Nintendo fue la sustitución del *joystick* por un nuevo control. Nintendo introdujo un control compuesto por una + y dos botones. Este nuevo control era más fácil de sostener, más resistente y más cómodo que el antiguo *joystick*. Otras razones por las que Nintendo conquistó el mercado de los videojuegos estuvieron relacionadas con las características particulares de su consola y de sus juegos[14]. Nintendo estableció una política de calidad en el desarrollo de sus juegos. Esta política posibilitó la realización de mejores juegos así como el establecimiento de una serie de personajes que resultaban fácil de identificar por los consumidores, un elemento con el que otras compañías de videojuegos como Sega y Atari, no contaban.

Otro factor importante para Nintendo fue el éxito que tuvo el juego *Super Mario Bros*. Desde 1985, Nintendo incluyó *Super Mario Bros,* junto al juego *Duck Hunt*, con la

---

14 "The keys to Nintendo's success in the video game market were superior technology and close control over compatible software." (Kinder, 1991, p. 91)

compra del NES. El juego giraba alrededor de las aventuras de Mario, personaje que había sido utilizado anteriormente en las versiones *arcade* de *Donkey Kong* y *Mario Bros*. Mario se convirtió en el ícono de Nintendo, siendo superado en reconocimiento entre los jugadores (y no jugadores) sólo por Pac-Man. En los años subsiguientes Nintendo consolidó su dominio del mercado con el lanzamiento de juegos como *The Legend of Zelda* (1987), *Castelvania* (1987), *Mike Tyson's Punch Out* (1987), *Contra* (1988) *Metroid* (1987), *Super Mario Bros 2* (1988), *The Legend of Zelda II: The Adventure of Link* (1988) y *Super Mario Bros 3* (1990)

En 1989, Nintendo volvió a revolucionar el mercado de los videojuegos con el lanzamiento del Gameboy, la primera consola portátil. Incluyó junto a la consola el juego *Tetris*, diseñado por el matemático Alex Pajitnov en 1985. Nintendo continuó liderando la industria de los videojuegos hasta que fue desplazado por Sega en 1993. Sega había estado en la competencia por el mercado de los videojuegos desde el lanzamiento de la consola Sega Master System en 1986. Posteriormente, presentó la consola Mega-Drive en Japón en 1987, la cual llegó a Estados Unidos en 1989 con el nombre de Sega Genesis. A pesar de que Nintendo lanzó una nueva consola en 1991 bajo el nombre de Super Nintendo (Super NES), Sega continuó dominando el mercado.

Varios factores contribuyeron a que Sega tomara control de la industria. Sega reinventó su imagen adoptando el uso de una mascota, Sonic, personaje principal del juego *Sonic The Hedgehog* (1991). El juego de Sonic fue un éxito, tanto por la velocidad con la que transcurría el juego como por la actitud de su protagonista. La actitud de Sonic era irreverente y desafiante, en contraste con la actitud afable y altruista de Mario. Pero Sonic no fue el único factor que posibilitó el éxito comercial de la compañía. Sega también concentró su atención en el desarrollo de juegos de deporte con el propósito de atraer consumidores adolescentes. Al implementar esta práctica, Sega inició una tendencia en la industria de desarrollar juegos dirigidos a públicos particulares. Práctica que se confirmó y consolidó a partir dominio del mercado de los videojuegos que Sega experimentó como consecuencia del lanzamiento de su versión del juego *arcade Mortal Kombat* (1993).

Mortal Kombat presentaba una serie de enfrentamientos entre los distintos personajes del juego. Cada encuentro en Mortal Kombat concluía cuando uno de los/as jugadores/as ganaba dos de tres asaltos. Cuando un/a jugador/a perdía en una segunda ocasión, por unos segundos no podía controlar su avatar permitiendo que el rival llevara a cabo una acción distintiva conocida como "*fatalitie*" para terminar la partida. Entre los "*fatalities*" se incluía el sacar el corazón del oponente, su columna vertebral o su calavera. La versión de *Mortal Kombat* para Super NES no incluía los '*fatalities*', sin embargo la versión distribuida por Sega si incluía los '*fatalities*'. Como consecuencia de esta diferencia, la versión de Sega vendió más cartuchos que la versión de Nintendo. Sin embargo, el domino de Sega no fue duradero, Nintendo retomó el control del mercado con el lanzamiento del juego *Donkey Kong Country* en 1994.

Este regreso a la cima del mercado de los videojuegos por parte de Nintendo no fue duradero. En 1995, la reconocida compañía de efectos electrónicos Sony hizo su entrada en la industria de los videojuegos con la presentación de la consola PlayStation (PS). Ese mismo año Sony envió 10.75 millones de consolas PlayStation a Estados Unidos. Las ventas del producto fueron tales que se estima que uno de cada cuatro hogares norteamericanos posee un PlayStation. Debido al éxito obtenido por la consola PS, como consecuencia de su innovación tecnológica[15], Sony presentó en el año 2000 una nueva versión de PlayStation, llamada simplemente PlayStation 2 (PS2). Esta nueva consola fue igualmente exitosa[16].

El PS2 representó el inicio de una nueva etapa en el desarrollo de las consolas de juego. Para Sony, el PS2 no era simplemente una consola, constituía un verdadero centro de entretenimiento. El PS2 fue diseñado para reproducir juegos, discos compactos de música y películas en formato DVD (*Digital Versatile Disk*). Siguiendo el éxito de Sony, la compañía de computación Microsoft presentó una consola con las mismas características del PS2. El X-Box de Microsoft hizo su aparición en el año 2001, promoviendo la competencia en la industria. Competencia que tiene como una de sus consecuencias principales el desarrollo de nuevos y mejorados juegos.

En este mismo año, Nintendo lanzó el Game Cube, su respuesta a las consolas presentadas por Sony y Microsoft. Nintendo también lanzó una nueva consola portátil con el nombre de Gameboy Advance SP en el 2003, y un año más tarde, en mayo de 2004, volvió a lanzar otra versión de la consola portátil Gameboy, esta vez con el nombre de Gameboy DS. Sony respondió con el lanzamiento de su primera consola portátil, el PlayStation Portable (PSP) en diciembre de ese mismo año. En noviembre de 2005 Microsoft presentó una nueva consola, el XBox 360. Durante el año 2006, Nintendo y Sony presentaron nuevas consolas: el Nintendo Wii y el PlayStation 3. En el 2010, Microsoft y

---

15 El PlayStation fue una de las primeras consolas en reemplazar los cartuchos de juego por CD's, al hacer uso de la tecnología del CD ROM. El uso del CD permite crear juegos más elaborados, largos, de mejor calidad visual y con secuencias de juego más complejas. (Kent, 2001)

16 PS2 vendió 980,000 unidades en su primera semana de venta en Japón en marzo de 2000. (Kent, 2001)

Sony presentaron sus controles de movimiento (sensores que registran el movimiento corporal de los usuarios y los equipara al movimiento de los avatares en el juego) para sus consolas, el Kinect para Xbox 360 y Move para PlayStation 3. Una nueva generación de consolas, la octava generación, comenzó en el 2012 con el lanzamiento del Wii U de Nintendo. Ese mismo año, el 22 de febrero, SONY lanzó en Estados Unidos el PlayStation Vita, sustituto del PSP. Las nuevas consolas de SONY, el PlayStation 4, lanzada en Estados Unidos el 15 de noviembre de 2013 y el Xbox ONE, de Microsoft, lanzada el 22 de noviembre de 2013, completaron la nueva generación. Es posible prever el lanzamiento de nuevas generaciones de consolas, cada vez más adelantadas tecnológicamente, transformado la experiencia de juego de generación en generación.

Los videojuegos pueden ser percibidos como un medio audiovisual relativamente reciente, si comparamos su historia con la historia del cine y la televisión. Sin embargo, durante la última década del siglo XX y los primeros años del siglo XXI, los videojuegos experimentaron una serie de transformaciones tecnológicas e influencias desde el mundo cinematográfico que hacen posible el desarrollo de los juegos visual y narrativamente. Como un recuerdo de la historia han quedado los días en que los programadores de juegos, como Warren Robbinet, debían llevar a cabo todas las tareas relacionadas con la creación de un juego. Los juegos ya no son exclusivamente el producto de una sola persona, sino que se asemejan más a grandes producciones, similares a las del mundo cinematográfico.

Una de las consecuencias de ser un medio audiovisual interactivo reciente es la multiplicidad de teorías y metodologías que se han ido desarrollando para poder estudiar a los videojuegos.

Algunas aproximaciones a la compresión del fenómeno *gamer*: estudios realizados en Croacia, España, Inglaterra y Estados Unidos

A continuación presentamos algunos estudios llevados a cabo en otros países sobre los/as videojugadores/as. En el 2011, Čulig & Rukavina llevaron a cabo un estudio en Croacia, titulado *Psychosocial and Sociocultural Determinants of Video Gamer Typology*, con el fin de conocer el perfil del/ la videojugador/a local croata. Mediante un cuestionario realizado de forma presencial, los investigadores recopilaron una muestra de 314 personas, entre jugadores y no jugadores, en la cual se recogían tanto aspectos relacionados con los juegos como características psicosociales de los entrevistados. De la muestra de jugadores, un total de 217 de las personas entrevistadas, plantearon nueve (9) tipos de videojugadores/as: aquellos/ as que juegan juegos de rol (*Role Playing Games* o RPG), aquellos/as que juegan juegos de disparo en primera persona (*First Person Shooter* o FPS), jugadores de estrategia en tiempo real (*Real Stategy Games* o RTS), juegos de estrategia (*Turn Based Strategy* o TBS), simulaciones de la vida real (*real life simulations* o RLS), juegos en línea (*online gaming*), juegos de carreras (*racing games*), juegos de horror (*horror games*) y juegos casuales y familiares (*casual and family games*).

Entre sus resultados, se destacan diversas razones que tienen los jugadores para jugar. Según los autores, las personas que juegan juegos de rol (*Role Playing Games* o RPG) lo hacen como una forma de escape de su cotidianeidad, por otro lado para aquellas personas que juegan juegos de disparo en primera persona (*First Person Shooter* o FPS), los juegos brindan la oportunidad de socializar con amistades así como la posibilidad de ampliar sus destrezas y habilidades. Para aquellas personas que juegan juegos de disparo en tercera persona (*Third Person Shooter*), los juegos representan una oportunidad para socializar en línea, estrechar vínculos de amistad y de cooperación[17]. Este estudio preliminar también sirvió para establecer qué tipo de juegos los jugadores y jugadoras prefieren jugar y cuáles son, en términos generales, las características de estos juegos que más llaman su atención.

En otro estudio, realizado en España por la Asociación Española de Distribuidores y Editores de Software de Entretenimiento (aDeSe), se destacan algunos datos sobre los jugadores en el país. Según el estudio *El videojugador español: perfil, hábitos e inquietudes de nuestros gamers*, en España el 24% de las personas juegan de forma habitual, particularmente entre las edades de 7 a 34 años. Los otros grupos por edad se desgolsan de la siguiente manera: entre 35-44 años juegan un 15.6%, y entre las edades de 45-54 años juega un 7.8% de los entrevistados. El 43% de los jugadores reportaron que se dedican a jugar videojuegos entre una (1) y cinco (5) horas semanales. El 52% de los/as videojugadores/as españoles/as reporta que está casado o que vive con su pareja, lo que contribuye a desmitificar el imaginario social de un/a videojugador/a solitario/a y antisocial. En España, el perfil del jugador es mayoritariamente masculino, pero la presencia femenina es cada vez mayor, llegando a alcanzar un 41% de las personas entrevistadas.

En un estudio similar, realizado en Inglaterra por el IAB

---

17 "For RPG gamers, playing games is a kind of escape from the daily living into the joy of gaming. To FPS players, gaming is a way of socializing with friends and an opportunity to enhance their skills and abilities. For TBS players, gaming means on-line socializing, friendship and co-operation. RLS gamers play above all for fun, entertainment, and in order to "kill time," which they see neither as an escape from the everyday, nor as a particular pleasure. On-line gamers list socializing, friendship and co-operation as reasons for playing. At the same time they see playing games as a means to enhance their abilities, knowledge and skills. Players who prefer racing games use gaming as a way to compete with their friends." Čulig & Rukavina (2012, p. 12)."

Games Steering Group, se reportaron hallazgos similares. Según el estudio, *Gaming Britain: A Nation United by Digital Play*, la población de usuarios en Inglaterra asciende a 32.9 millones de habitantes, siendo 27.6 millones de estos usuarios personas adultas. La edad promedio del videojugador en Inglaterra es de 25 años. En Estados Unidos, según el informe *2012 Essential Facts about the computer and video game industry* realizado por el Entertainment Software Association (ESA), la edad promedio de los jugadores es de 30 años. Similar al caso de España, en Estados Unidos los hombres superan a las mujeres en la práctica de jugar pero no por un porciento significativo ya que el 53% de los jugadores son hombres y el 47% mujeres. Según el estudio, el tiempo promedio que estos jugadores llevan jugando es de 12 años.

En otro estudio llevado a cabo en Estados Unidos, Lenhart, Kahne, Middaugh, Rankin Macgill, Evans & Vitak. (2008) diseñaron el primer estudio sobre la relación entre jugar videojuegos y el mantener un compromiso con actividades cívicas en adolescentes. En el estudio *Teens, Video Games, and Civics*, se entrevistaron 1102 adolescentes entre las edades de 12-17 años. Entre las actividades cívicas observadas se destacan el compromiso con levantar fondos para organizaciones caritativas, participar en marchas o manifestaciones, mantenerse al tanto de los sucesos políticos contemporáneos y sus efectos, y trabajar como voluntarios/as, entre otros. Según este estudio el 97% de los/as adolescentes entre estas edades juega en consolas, la computadora, en línea o en algún dispositivo portátil. De estos, el 80% juega más de cinco tipos diferentes de géneros de juegos. En términos de prácticas de juego, en el estudio se plantea que el jugar videojuegos constituye la parte principal de su actividad social. Los/as adolescentes juegan con personas presentes físicamente en el lugar de juego (65%), o con personas conectadas en línea (27%), aunque el 80% de las personas entrevistas expresa que también juegan solos/as. Solo el 24% de las personas participantes en el estudio respondió que solo jugaban de forma individual. Entre los hallazgos del estudio, se encontró poca evidencia que apoye la preocupación de que el jugar videojuegos promueva comportamientos o actitudes que disminuyan la participación en compromisos cívicos. Sin embargo, se encontró evidencia que apoya la idea de que jugar videojuegos está asociado, en términos generales, con una vida política y cívicamente activa.

STAGE II

STAGE II

Aportaciones de los Estudios Culturales, la Sociología y la Psicología para el estudio de la cultura de los/as videojugadores/as

En los videojuegos, como en cualquier otro juego, se entrelazan dimensiones sociales, culturales y psicológicas. En el proceso de comprender como la experiencia de jugar videojuegos se relaciona con cada una de estas dimensiones, entendemos necesario exponer algunas teorías realizadas desde diversas disciplinas de las ciencias sociales. Principalmente, las aportaciones teóricas y metodológicas que se han ido desarrollando en las disciplinas de la Psicología, la Sociología y los Estudios Culturales que han sido, o pueden ser, utilizadas en el estudio sobre como los videojuegos se vinculan con aspectos sociales, culturales y psicológicos que tienen lugar en la sociedad contemporánea.

Estudios culturales sobre videojuegos

Los estudios culturales sobre videojuegos son un nuevo campo de estudio que forma parte de los estudios culturales, cuyo objeto de estudio son los juegos, particularmente juegos en formato digital. Su punto de partida es uno dialéctico y multidisciplinario el cual busca entender los juegos como parte de la cultura a partir de tres ámbitos en particular: los juegos, los jugadores y los contextos en que las dos anteriores instancias interactúan y se complementan.

Como campo de reciente creación, los estudios culturales sobre videojuegos todavía no han establecido una definición precisa sobre este tipo de estudios, sin embargo Frans Mäyrä (2010) define de forma general los estudios culturales sobre videojuegos como un campo multidisciplinario de estudio y aprendizaje tomando como objeto de estudio los juegos, así como fenómenos similares[18].

Según Mäyrä (2010), los estudios culturales sobre videojuegos son importantes ya que las imágenes y acciones que forman parte de los videojuegos están cargadas de significado. En este sentido, jugar es una forma de comprender y aprender el entorno cultural, el cual puede ser entendido como un sistema de significación. En este contexto, cuando una persona comienza a jugar un juego, no solo conoce las reglas del juego, lo que puede o no puede hacer, sino que además, de forma simultánea, adquiere y realiza otros comportamientos que están más relacionados a lo que implica jugar el juego que a las reglas específicas del juego. Los videojuegos se constituyen más como un sistema interactivo cultural con énfasis en la creación de sentido a través de los juegos en lugar de un sistema cuyo énfasis está en la creación de sentido mediante la decodificación de mensajes o representaciones mediáticas típicos de sistemas culturales como la televisión. El sentido de los juegos no se da en el vacío, un videojuego adquiere su significado a partir de la experiencia que tienen los/as jugadores/as en un contexto cultural particular.

Para Mäyrä (2010), el estudio de los videojuegos es importante ya que a través de ellos podemos entender la cultura del juego (*game culture*), así como a través del estudio de la cultura del juego podemos comprender los juegos, los significados que le atribuyen los/as jugadores/

---

18 Game studies is a multidisciplinary field of study and learning with games and related phenomena as its subject matter (Mäyrä, 2010, p. 17).

as y las razones por las que juegan los juegos. Según este autor, las personas que tienen contactos con videojuegos pueden constituirse como una subcultura, entendiéndose este concepto como aquellos grupos de personas que comparten prácticas, valores e intereses en común y que forman, a partir de sus interacciones, un grupo distintivo al interior del contexto cultural más amplio. Al interior de esta subcultura, sus miembros comparten un lenguaje en común, ritos y artefactos relacionados con los videojuegos.

Como un ejemplo de las distinciones particulares de esta subcultura se encuentra la distinción entre jugadores casuales (*casual gamers*) y los jugadores extremos (*hardcore gamers*). Según Juul (2010), el término jugador casual se utiliza para referirse a una persona que ha jugado una cantidad limitada de juegos y que invierte una cantidad mínima de tiempo y dinero para jugar videojuegos y no le interesan juegos difíciles y largos. Por otro lado, el término de jugador extremo se utiliza para describir a una persona interesada por la ciencia ficción y los mundos de fantasía, que ha jugado una gran cantidad de videojuegos y que invierte una gran cantidad de dinero y tiempo en jugar, particularmente juegos largos y difíciles. Para Mäyrä (2010), lo más importante de estas distinciones culturales es que las mismas solo pueden tener lugar al interior de una subcultura de videojugadores/as.

Entre las tribus y el *habitus*: una mirada a los videojuegos desde las teorías de Pierre Bourdieu y Michele Maffesoli

Con el fin de explorar si en Puerto Rico los/as videojugadores/as sienten que forman parte de una subcultura social, revisamos el concepto de tribu esbozado por el sociólogo Michele Maffesoli así como los conceptos de campo y *habitus*, elaborados por el también sociólogo

Pierre Bourdieu. Según Maffesoli (2004), a partir de su trabajo *El tiempo de las tribus*, las tribus, en términos contemporáneos, son aquellos microgrupos que han ido emergiendo en todos los campos de la sociedad, como por ejemplo los campos sexuales, musicales y deportivos, cuya finalidad no es la consecución de un proyecto político, económico o social sino simplemente la posibilidad de compartir. Es decir, lo que las tribus contemporáneas ofrecen a sus miembros es un sentimiento de pertenencia, entendiéndose este concepto como el reconocimiento por parte de las otras personas del grupo hacia una persona como parte del grupo, ofreciendo la posibilidad relacionarse con estos y permitiendo a su vez el surgimiento de formas de solidaridad entre los miembros del grupo. Lo importante de las tribus es que ofrece a los miembros que la componen un reconocimiento de ser parte de esa subcultura particular. "El tribalismo nos recuerda, empíricamente, la importancia del sentimiento de pertenencia, a un lugar, a un grupo, como fundamento esencial de toda vida social." (Maffesoli, 2004, p. 3). En este sentido, lo que nos interesa explorar es si existe una subcultura de videojugadores/as con características específicas identificables en Puerto Rico, o si, por el contrario, no son las características especificas identificables lo que distingue a los videojugadores/a en Puerto Rico sino los hábitos y preferencias en juegos lo que pudiera proveer un sentido de pertenencia.

Para expandir este último punto recurrimos a los trabajos de Pierre Bourdieu. Desde la teorización bourdiana, exponemos los conceptos de campo y *habitus*. Los conceptos de campo y de *habitus* son dos aspectos de la dinámica social que están interrelacionados, lo que hace imposible hacer referencia a uno sin entrar en la discusión del otro. Para Bourdieu (2005), un campo puede ser definido como red o una configuración de relaciones objetivas entre posiciones. Estas posiciones están objetivamente definidas, en su existencia y en las determinaciones que imponen sobre sus ocupantes, agentes o instituciones, por su situación presente y potencial (*situs*) en la estructura de distribución de especies del poder (o capital) cuya posesión ordena el acceso a ventajas específicas que están en juego en el campo, así como por su relación objetiva con otras posiciones (dominación, subordinación, homología, etcétera) (Bourdieu, 2005, p. 7).

Es decir, el campo es un área determinada de la actividad social, un espacio en el que se producen interrelaciones sociales. Según lo antes expuesto, ¿puede concebirse el jugar videojuegos como un campo social más? Con la intención de contestar esta pregunta debemos analizar el concepto de *habitus* y su relación con el campo. Si los campos pueden ser entendidos como espacios sociales donde se producen interrelaciones sociales, el *habitus* puede definirse como "una serie de esquemas internalizados por medio de los cuales los hombres perciben, comprenden y evalúan el mundo social. También puede definirse como: "estructuras mentales y cognitivas" mediante las cuales los agentes manejan el mundo." (Inda & Duek, 2005, p. 10-11).

Para Bourdieu (2005), la relación entre el campo y el *habitus* opera de dos maneras: el campo estructura el *habitus* y el *habitus* contribuye en la construcción del campo como mundo al dotarlo de sentido y de valor social. Es decir, la relación entre campo y *habitus* es una dialéctica, en el sentido de que uno no puede existir sin que exista el otro. "El *habitus* sería el resultado de la incorporación de las estructuras sociales mediante la "interiorización de la exterioridad", mientras que el campo sería el producto de la "exteriorización de la interioridad", es decir, materializaciones institucionales de un sistema de *habitus* efectuadas en una fase precedente del proceso histórico-social." (Giménez, 1997, p. 22). En definitiva, el *habitus* puede plantearse como aquello que explica porque los agentes sociales son razonables sin entrar en procesos de racionalización. El *habitus* impone incuestionablemente aquello que debe ser hecho o dicho al interior de un campo. Con relación a uno de los objetivos de nuestro estudio, nos interesa dar cuenta si es posible considerar a los videojuegos como un campo social y cuáles son las prácticas (*habitus*) que deben producirse al interior de este campo para contribuir a constituirlo como tal, y cuáles son las imposiciones a los/as videojugadores/as para que estos puedan considerar que forman parte de un campo social particular.

Los videojuegos y el enfoque histórico cultural de Lev Vygotsky

Jugar es una actividad practicada por los seres humanos a lo largo de toda su vida. Desde sus primeras etapas de desarrollo hasta la última, el jugar se constituye no solo como una forma de entretenimiento, sino también en una fuente de formas de pensamiento y nuevos lenguajes. Los videojuegos, como creación tecnológica relativamente reciente, se presentan como un espacio indispensable para realizar un análisis sobre la formación de esquemas mentales, así como de la adquisición de nuevas formas de comunicar sentido mediante el uso de símbolos socialmente contextualizados a partir de estas tecnologías.

Expondremos algunos de los conceptos desarrollados desde el enfoque histórico cultural, a partir de los trabajos de L.S. Vygotsky, que nos servirán para dar cuenta de cómo se establecen las formas de pensamiento y formas de comunicación antes señaladas. En primer lugar, para jugar un videojuego las funciones mentales superiores adquieren un rol central por dos razones: en primer lugar, la memoria, la atención voluntaria y percepción son elementos indispensables para jugar videojuegos; en segundo lugar, las formas en que un jugador memoriza, atiende y percibe lo que ocurre en los juegos pueden llegar a ser diferentes por las exigencias particulares de los videojuegos. Según Blanck (1990), partiendo del trabajo de Vygotsky, "[l]as funciones mentales superiores- la estructura de la percepción, la atención voluntaria y la memoria voluntaria, los afectos superiores, el pensamiento, el lenguaje, la resolución de problemas- así como la conducta, etc., adquieren formas diferentes en culturas y relaciones sociales históricamente distintas." (Blanck, 1990, p. 59). En este sentido, podríamos plantear que las formas de pensamiento, memoria y percepción de un usuario regular de los videojuegos serán diferentes a las de un no jugador. Sobre las funciones mentales superiores, Wertsch (1993) plantea que "se considera que las funciones mentales superiores están conformadas, o incluso definidas por los instrumentos mediadores que utilizan para desempeñar una tarea." (Wertsch, 1993, p. 32)

Para comprender este último planteamiento debemos revisar el concepto de mediación desarrollado por Vygotsky. Para Vygotsky, las estructuras del desarrollo psicológico se constituyen mediante un proceso de interacción, el cual estará mediado por herramientas físicas o instrumentos (tools) y simbólicas (signs).

"La función de la herramienta es la de servir como el conductor de la influencia humana en el objeto de la actividad; está orientado externamente; debe conducir a cambios en los objetos. Es un medio por el cual la actividad humana externa está dirigida a dominar, y triunfar sobre la naturaleza. El signo, por otro lado, no cambia nada en el objeto de una operación psicológica. Es un medio de actividad interna dirigida a dominar a uno mismo; el signo está orientado internamente." (Traducción del autor)

(Vygotsky, 1978, p. 54).[19]

Para Blanck (1990), el trabajo de Vygotsky intentaba establecer cómo las personas, con la ayuda de instrumentos y signos, dirigen su atención, organizan la memorización consciente y regulan su conducta. "La esencia de la conducta humana reside en su carácter mediatizado por herramientas y signos." (Blanck, 1990, p. 60)

Esta discusión sobre instrumentos y signos la podemos observar en los videojuegos a partir de la distinción antes mencionada sobre actividad diegética y actividad extradiegética. El aspecto de la actividad extradiegética es lo que Vygotsky establecería como instrumento, mientras que la actividad diegética es lo que correspondería al aspecto simbólico de la mediación. Es decir, para que el jugador pueda desarrollar la actividad en el juego debe hacer uso de un instrumento, que en este caso comúnmente denominamos como control. A través del control, el usuario controla lo que sucede en la pantalla. Pero las acciones que tienen lugar en la pantalla no ocurren solamente por que el jugador oprime una serie de comandos en el control, ocurren porque el jugador quiere expresar en la pantalla acciones que entiende contribuirán a desarrollar la trama del juego con el fin de dominarlo y terminarlo de forma victoriosa. Acciones que antes de tener lugar en la pantalla han sido conceptualizadas en la mente del jugador. Estas últimas acciones, de carácter diegético, se constituirán como una nueva forma de pensamiento, instaurada a partir de la

---

19 "The tool's function is to serve as the conductor of human influence on the object of activity; it is *externally* oriented; it must lead to changes in objects. It is a means by which human external activity is aimed at mastering, and triumphing over, nature. The sign, on the other hand, changes nothing in the object of a psychological operation. It is a means of internal activity aimed at mastering oneself; the sign is internally oriented." (Vygotsky, 1978, p. 54).

interacción del jugador con los videojuegos.

Es decir, los usuarios de los videojuegos desarrollan formas de pensamiento cónsonas con las exigencias de los juegos. Estas formas de pensamiento se establecen a partir de la interacción con un lenguaje, en este caso el lenguaje de los videojuegos. Siguiendo a Wertsch, "[e]n el examen de las relaciones entre lenguaje y pensamiento, Vygotsky puso el acento principal en cómo se relacionan diferentes formas de lenguaje con diferente formas de pensamiento." (Wertsch, 1993, p. 47). Pero, ¿a que nos referimos cuando hablamos de un lenguaje de los videojuegos? Para discutir este planteamiento examinaremos la siguiente cita:

"La idea principal de L.S. Vygotski, explicativa de la organización del acto voluntario, está basada en el análisis del desarrollo lingüístico del niño. En la primera etapa del dominio del lenguaje, la madre se dirige al niño, orienta su atención ("toma el balón", "levanta la mano", "¿dónde está la muñeca?:, etc.) y el niño cumple estas instrucciones verbales. Al darle al niño estas instrucciones verbales la madre reorganiza su atención: separando la cosa nombrada del fondo general, organiza con ayuda de su propio lenguaje los actos motores del niño. En este caso el acto voluntario está dividido entre dos personas: el acto motor del niño comienza con la alocución verbal de la madre y termina con las propias acciones del niño. (L.S. Vygotski, 1956). Sólo en la etapa siguiente del desarrollo, el niño domina el idioma y comienza a darse órdenes verbales a sí mismo, al principio de forma extensa- en el lenguaje externo- y luego en forma abreviada- en el lenguaje interior. Por eso, el origen del acto voluntario es la comunicación del niño con el adulto; el niño debe al principio subordinarse a la instrucción verbal del adulto para, en las etapas siguientes, estar en condiciones de convertir esta actividad "interpsicológica" en un proceso interno "intrapsíquico" de autorregulación. La esencia del acto voluntario libre consiste en que su causa se encuentra en las formas sociales de comportamiento." (Luria, 1995, p.106)

Es decir, en la constitución de los actos voluntarios hay un doble momento, uno exterior y uno interior. Con los videojuegos pasa exactamente lo mismo. La interfase antes mencionada, aquella parte del juego que nos ofrece información sobre el mismo, nos provee unos indicadores que se utilizan para informar y dirigir la actividad del jugador. Estos indicadores son más obvios al inicio del juego, pero una vez avanza el juego, ya el jugador ha internalizado el lenguaje que regula el videojuegos. Al igual que las acciones, expresiones y comandos expresados por la madre en el ejemplo anterior, el juego proveerá una serie de comandos y expresiones que dirigirán al jugador y luego estas acciones serán internalizadas por este, proveyéndole un nuevo lenguaje interpretativo. Este lenguaje no será exclusivo de un juego en particular sino que puede ser observado y utilizado en otros videojuegos, así como en situaciones que tengan lugar en la vida cotidiana. De esta forma, el lenguaje de los videojuegos crea una forma de pensar en los jugadores, la cual puede ser extrapolada a otros escenarios sociales.

Un autor contemporáneo que ha planteado que los videojuegos constituyen una nueva forma de lenguaje es James Paul Gee. En su trabajo *What video games have to teach us about learning and literacy*, Gee plantea el concepto de dominios semióticos. Para Gee, los dominios semióticos son aquellas prácticas que involucran una o más formas de lenguaje oral u escrito, imágenes, sonidos, graficas, artefactos, etc. Al pensar en términos de dominios semióticos podemos plantear que las personas son, o no son, conocedoras del lenguaje del dominio (total o parcialmente), y que en comparación con otros dominios semióticos, como por ejemplo leer y escribir, las personas pueden reconocer (de forma equivalente con la lectura) y reproducir (de forma equivalente con la escritura) modos de significación del dominio. Es decir, a partir de la interacción que el jugador tiene con los videojuegos (como espectador y participante), este adquiere un dominio semiótico, a partir del cual se constituye una manera de pensar el mundo y la experiencia cotidiana a partir de ese dominio semiótico. Este dominio semiótico, compartido a su vez por otras personas que interactúan con los videojuegos, permite, como cualquier otro lenguaje, que los sujetos se relacionen como un grupo al compartir los mismos referentes de significación.

Según Gee (2003), cuando aprendemos un nuevo dominio semiótico de manera activa, en lugar de forma pasiva, tres cosas están en juego. En primer lugar, aprendemos a experimentar (ver, sentir y operar) el mundo de nuevas maneras. Segundo, como los dominios semióticos suelen ser compartidos por grupos de personas a través de las prácticas sociales, se gana el potencial de unirse a este grupo social, de convertirse en afiliados a tales tipos de personas (aunque nunca los veamos a todos, o cualquiera de ellos, cara a cara). Tercero, ganamos recursos que nos preparan para el futuro aprendizaje y resolución de problemas en el dominio y, tal vez, más importante aún, en el aprendizaje y resolución de problemas en otros dominios. En síntesis, el jugar videojuegos puede contribuir al desarrollo de esquemas de pensamientos particulares que nos permitan comprender y experimentar el mundo de formas diferentes.

Aportaciones desde la psicología experimental al estudio de los videojuegos

No solo desde el enfoque histórico cultural, los estudios culturales y la sociología se han desarrollado conceptos que nos permiten estudiar los fenómenos sociales y culturales alrededor de los videojuegos. Desde la psicología experimental también se han realizado varias aproximaciones teóricas y metodológicas para el estudio los videojuegos. Sin embargo, es importante destacar que la mayoría de estos estudios se interesan por examinar los efectos que los videojuegos pueden tener en sus usuarios (particularmente vinculados con la violencia y la adicción) y se han producido desde la perspectiva experimental. El acercamiento metodológico que ha predominado en este tipo de investigación ha variado. Tres tipos de estudios se han realizado sobre los videojuegos desde diferentes aproximaciones metodológicas: estudios experimentales, correlacionales y longitudinales. Los estudios experimentales asignan de forma azarosa participantes a diferentes grupos, ya sea para jugar juegos violentos o no violentos. En estos estudios se controlan cuidadosamente otros factores que puedan influir con el propósito de establecer una diferencia entre los grupos basada solamente en si el videojuego es violento o no. Se les pide a los participantes que jueguen y luego se miden pensamientos o comportamientos agresivos en ambos grupos, y si hay diferencias en las respuestas de los grupos se procede a inferir una relación causal debido a que la única diferencia que existía entre los grupos era el contenido violento del juego.

El establecer la existencia de una causalidad es una de las fortalezas, según Anderson & Gentile (2006), de los estudios experimentales. Su gran debilidad estriba en la imposibilidad de utilizar, por consideraciones éticas, expresiones de agresión que pudieran ocurrir en la vida cotidiana. Por ejemplo, no es posible permitir a los participantes golpearse como parte del experimento. A pesar de esto, este tipo de estudio busca probar que los datos obtenidos en el laboratorio pueden usarse para predecir acciones agresivas en situaciones que tengan lugar en el "mundo real". Para Gentile & Anderson (2006), los estudios experimentales deben poseer, por lo menos, cuatro características principales: (1) muestras de 200 participantes o más; (2) juegos violentos y no violentos con el mismo nivel de complejidad; (3) juegos que sean representativos sobre su contenido violento o no violento y, (4) una forma clara y válida de medir agresión o variables relacionadas a la agresión en los participantes.

Los estudios correlacionales, por otro lado, permiten superar las limitaciones de los estudios experimentales. Por ejemplo, en los estudios correlacionales, los investigadores pueden preguntar a los participantes que tipos de juegos juegan así como otras variables relacionadas, como por ejemplo, que tan seguido se pelean con otras personas. Su gran debilidad, según estos autores, radica en la imposibilidad de probar la existencia de una relación causal entre jugar videojuegos violentos y la expresión de comportamientos violentos. Puede ser que el comportamiento que exhiben las personas se deba a los juegos, como también puede ser que las personas violentas prefieren juegos violentos o que exista una tercera variable que esté relacionada con las otras dos, como por ejemplo el género. Los estudios correlacionales tienen sus fortalezas en los ámbitos en los que los estudios experimentales son débiles. Por eso la tendencia es a combinar ambos tipos de estudios para, si ambos coinciden, poder establecer la existencia de un efecto verdadero, producto de la exposición a los videojuegos. Las características de un buen estudio correlacional son: (1)

muestra de por lo menos 200 participantes; (2) medidas confiables de exposición a comportamientos violentos; y (3), una medida confiable de la variable agresión.

En el tercer tipo de estudio, los estudios longitudinales, buscan medir cambios en un periodo determinado de tiempo. Este tipo de estudio mide las variables relacionadas con el comportamiento violento y la exposición a juegos violentos en dos momentos distintos, con el fin de observar cambios entre el primer tiempo y el segundo tiempo. La gran limitación de este tipo de estudios radica en la dificultad y el costo para realizarlos. No se han realizado muchos estudios de este tipo, pero según Gentile & Anderson (2006) lo que estos estudios demuestran es que la exposición continua a la violencia en los videojuegos no solo aumenta el comportamiento violento, también contribuye en la disminución de un comportamiento empático que posibilita el ayudar a los demás. Según los investigadores, esto es un hallazgo significativo debido a que los usuarios de videojuegos, particularmente los niños, al experimentar un incremento en comportamientos violentos y una disminución en comportamientos empáticos o prosociales, crean la condiciones para que los niños experimenten el rechazo de sus pares.

Cuando los niños se vuelven más agresivos y menos sociables, esto hace más probable que los otros niños los rechacen del grupo principal de pares. Estos niños agresivos forman un grupo alterno con otros niños socialmente rechazados y agresivos, quienes contribuyen a reforzar entre ellos las actitudes agresivas y hábitos violentos de los medios de comunicación. En última instancia, los niños agresivos son significativamente más propensos a tener desenlaces negativos, como por ejemplo un menor rendimiento académico y una baja autoestima. (Traducción del autor) (Gentile & Anderson, 2006, p. 29)[20].

Otros aspectos investigativos que han surgido en estudios recientes pretenden establecer distinciones entre contenido de los juegos y tiempo de juego. El tiempo de juego, según Gentile & Stone (2005), aparenta ser el responsable de una correlación negativa entre jugar videojuegos y el desempeño escolar. Esto se relaciona con un concepto conocido como la hipótesis de desplazamiento, el cual plantea que los niños tienden a desplazar el tiempo de otras actividades y se concentran en el uso de medios electrónicos. Sobre el contenido, estos autores expresan que la exposición a contenido violento incrementa las posibilidades de realizar comportamientos violentos. Sin embargo, establecen que el jugar juegos violentos no tiene un efecto directo, sino que es un factor de riesgo, que en combinación con otros factores, tales como la pobreza, abuso de sustancias, pertenecer a una ganga o tener algún desorden psicológico, por ejemplo, puede contribuir al desarrollo de comportamiento violentos.

¿Cómo definen violencia y agresiones estos investigadores? Al igual que otros investigadores, ellos definen agresión como un comportamiento (verbal o físico) que (a) tiene como propósito hacer daño a otro individuo; (b) se espera que el causante tenga alguna oportunidad de realmente causar daño a ese individuo; y (c) el causante piensa que lo que le va a hacer al destinatario es algo que este preferiría

---

20 "As children become more aggressive and less prosocial, other children are more likely to reject them from the main peer group. These aggressive children then form a non-mainstream clique with other socially rejected and aggressive children, who then reinforce each other's aggressive attitudes and violent media habits. Ultimately, aggressive children are significantly more likely to have negative outcomes, such as lower academic performance and lower self-esteem (Geen, 2001; National Research Council, 1993), which may perpetuate a cycle of increasingly worse outcomes." (Gentile & Anderson, 2006, p. 29).

evitar.[21] (Traducción del autor) (Gentile & Anderson, 2006, p. 32)

Es decir, la agresión puede ser concebida como un proceso continuo que va desde una expresión leve a una severa, siendo esta expresión severa lo que los investigadores definen como violencia. Anderson ha desarrollado un modelo de investigación llamado *General Agression Model*, el cual es utilizado por otros investigadores, particularmente por Gentile.

Según Gentile (2005), el Modelo General de Agresión (GAM por sus siglas en ingles), está diseñado para predecir la probabilidad que una persona pueda, a corto y largo plazo, realizar comportamientos violentos. A partir de los parámetros de este modelo, puede teorizarse sobre tres aspectos del estado interno en particular que son relevantes para la expresión de comportamientos violentos. Estos tres aspectos son: los pensamientos que la persona tiene, sus sentimientos, y su nivel de excitación psicológica. Para Gentile (2005), "esta teoría permite promover una variedad de hipótesis específicas que pueden ser examinadas. Por ejemplo, permite predecir que jugar un videojuego violento (variable situacional) puede incrementar pensamientos agresivos, lo que podría aumentar comportamientos agresivos automáticos."[22] (Traducción del autor) (Gentile, 2005, p.5)

---

21 "We, like many other researchers, define aggression as behavior (verbal or physical) that (a) is intended to harm another individual; (b) is expected by the perpetrator to have some chance of actually harming that individual; and (c) is believed by the perpetrator to be something that the target individual wishes to avoid." (Gentile & Anderson, 2006, p. 32)

22 "[t]his theory allows for a variety of specific hypotheses to be advanced and tested. For example, it predicts that playing a violent video game (situational variable) might increase aggressive thoughts, which in turn may increase automatic aggressive behaviors." (Gentile, 2005, p.5)

El Modelo General de Agresión integra teoría y datos relacionados con el aprendizaje, el desarrollo, la instigación y la expresión de la agresión humana. Está basado en la idea de que la agresión tiene como base estructuras de conocimiento, así como guiones o esquemas de comportamiento, creados por procesos de aprendizaje social. Según Gentile (2005),

los videojuegos violentos podrían afectar a los individuos con el paso del tiempo influyendo sobre creencias sobre la agresión, esquemas y libretos, así como desensibilizándolos ante la agresión. Cuando los niños/as comienzan a ver el mundo en términos agresivos y comienzan a actuar de esta forma, sus personalidades cambian, volviéndose más agresivos y hostiles.[23] (Traducción del autor) (Gentile, 2005, p. 7)

El problema con algunos de estos estudios sobre videojuegos reside en que pretenden establecer una relación entre la exposición y uso de los videojuegos y el comportamiento agresivo. No existe en la actualidad una explicación convincente que establezca que las personas, en general, desearían ir más allá de la acción en un juego y cometer, por ejemplo, un asesinato. Más aun, los estudios realizados, no han podido establecer la existencia de una relación causal entre los videojuegos y los comportamientos violentos. "No es posible determinar si los sujetos agresivos tienen mayor preferencia por los videojuegos, o bien son los videojuegos quiénes determinan una pauta de conducta de estas características." (Estallo Martí, 1992, p. 42). Toda esta discusión sobre el uso de la violencia en los videojuegos y los posibles efectos que puede tener en los usuarios la

---

23 "Violent video games may affect individuals over time by influencing their aggressive beliefs, schemata, and scripts, and by desensitizing them to aggression. As children begin to see the world in aggressive terms and therefore begin to act more aggressively, their personalities change to become more aggressive and hostile." (Gentile, 2005, p. 7)

presentamos para contrastarla con la información provista por los/as propios usuarios/as de los videojuegos. Es decir, los trabajos investigativos que discutimos plantean una relación negativa entre jugar videojuegos violentos y el comportamiento de los/as usuarios, sin embargo, ninguno de estos estudios ha incluido como parte de su análisis la perspectiva de los/as usuarios/as. En el stage VII presentamos el sentir de los/as usuarios/as ante la pregunta sobre qué piensa de los posibles efectos de la violencia en los videojuegos y analizamos sus respuestas sobre este debate. En el próximo stage exploramos uno de los conceptos que han desarrollado los propios usuarios para explicar la expresión de ciertos comportamientos agresivos al jugar videojuegos: el concepto conocido como *Rage Quit*.

En síntesis, varias disciplinas, han estudiado a los videojuegos y han vinculado su uso con varias prácticas o efectos.

Entendemos que es necesario llevar a cabo mas estudios para medir los efectos de los videojuegos en los/as videojugadores/as, ya sean estudios relacionados con la violencia o con los beneficios cognitivos que puede ofrecer el uso de esta tecnología. Sin embargo, también entendemos que antes de realizar este tipo de trabajo investigativo es importante estudiar cómo se define, se constituye y cómo se significa la experiencia de jugar videojuegos. Este es uno de los propósitos principales de la segunda parte de este libro.

↑↑↑↓↓↓ ←→ ← → AB START

En la segunda mitad de la década de los años 80 llegó a Puerto Rico una consola de videojuegos que se convertiría en un icono para una generación y el inicio de un movimiento de entretenimiento que continua hasta el día de hoy. La llegada del Nintendo *Entertainment System* (*NES*) marcó el inicio de un resurgir en la industria de los videojuegos, la cual se encontraba, a principio de las años 80, en una crisis que amenazaba su existencia. Con el *NES* llegaron algunos de los juegos que se convertirían en los clásicos de la industria, como por ejemplo, *Super Mario Bros*, *Duck Hunt*, *Punch Out*, y *Metroid*, entre muchos otros. Pero con el entretenimiento llegaron también las frustraciones. La risa del perro de *Duck Hunt* cuando uno fallaba en matar a todos los patos, la burla de *Soda Popinski* al vencerte por *knock out* en *Punch Out*, la frustración de no poder terminar *Super Mario Bros* luego de invertir un número significativo de horas y no poder guardar el progreso del juego, entre muchas otras pequeñas situaciones que provocaban la cólera o la ira de las y los usuarios. A diferencia del *Atari 2600*, el cual tenía un control o *joystick*, demasiado sensible y que solía romperse con frecuencia, el control del *NES* era bastante fuerte, y en varias ocasiones llegue a tirarlo contra el suelo, motivado por la ira y la frustración que me provocaba el enfrentar alguna de las situaciones antes mencionadas. Estas fueron algunas de mis primeras experiencias con el *Rage Quit*.

El *Rage Quit* es un concepto que gira alrededor de uno de los temas que más interés ha generado en la psicología con relación a los videojuegos: los posibles efectos que los videojuegos pueden ocasionar en sus usuarios. Hablamos de *Rage Quit* para referirnos a aquellos momentos en que un/a jugador/a, motivado/a por el resultado adverso del juego, lanza el control u otro objeto, contra el suelo u otro lugar, o usa lenguaje soez contra otras personas, o les grita, para expresar las emociones evocadas por un juego en un determinado momento, llegando incluso a abandonar la partida, ya sea esta individual o grupal, tanto presencial como en línea. Este comportamiento expresado por los/as jugadores podría llevar a una persona ajena al ejercicio de jugar videojuegos a preguntarse las causas del mismo. ¿Se produce esta expresión agresiva como consecuencia de jugar videojuegos? ¿El contenido del videojuego contribuye a este comportamiento? ¿Es esta expresión de agresividad el inicio de un comportamiento agresivo permanente? Para aclarar estas dudas y comprender mejor este practica examinaremos diferentes teorías esbozadas desde la psicología, la etología, la neurociencia y la filosofía, entre otras, para comprender el fenómeno de la agresión en los seres humanos y como se relaciona con el llamado *Rage Quit*.

Para Aristóteles, quien promovía una filosofía del justo medio, la expresión de ira o cólera dependía del grado de expresión de la misma, a quien era dirigida y el momento en que era expresada. "El que se deja llevar por la cólera en ocasiones dadas contra los que lo merezcan haciéndolo además de la manera, en el momento, y durante todo el tiempo que convenga, debe merecer nuestra aprobación" (Aristóteles, 2004, p.147). De esta forma, Aristóteles no condena la expresión de la cólera sino la gradación de esta ante la situación y la persona que la evoca. En esta línea, señala que solo considerando las circunstancias o hechos precisos, así como las emociones que estas evocaron, es posible comprender si la expresión de la cólera fue la adecuada, fue menos de la adecuada para la situación o fue excesiva, convirtiéndose entonces en una falta. Siguiendo este razonamiento de Aristóteles podemos entender por qué el *Rage Quit* es un fenómeno que no debe ser generalizado o reducido a una relación causal entre una expresión de ira y el jugar un juego con contenido violento. Hay que tomar en consideración, como lo plantea Aristóteles, si la ira del/la jugador/a es adecuada o no, pero para eso habría que conocer cuáles son las emociones que experimentó el/la jugador/a, cual es el grado de inmersión del/la jugador/a en el juego y cuáles fueron las circunstancias que lo/la llevaron a fracasar en el juego. Para Aristóteles, aun las personas con carácter irascible, tienden a tranquilizarse rápidamente una vez han expresado su cólera. Esto sucede también con el *Rage Quit*, considerándose como una expresión no duradera, en lugar de un comportamiento permanente en la vida de las personas.

Para comprender este fenómeno, y diferenciarlo de otros comportamientos agresivos expresados por los seres humanos es preciso discutir el concepto agresión. Diferentes teorías sociales esbozadas desde la psicología, la etología, la filosofía y la neurociencia, entre otras, han intentado explicar en qué consiste la agresión y cuáles son los posibles factores que motivan su surgimiento y expresión. Un primer paso para comprender a que nos referimos con agresión es diferenciarla del concepto violencia. La noción de violencia ha sido motivo de interés investigativo a través de todo el siglo XX. Algunos autores, como Ignacio Martín Baró y José Sanmartín, han planteado diferentes acercamientos para el estudio de la violencia. Para Martín Baró (1985), la violencia es todo aquel acto en el que se aplique una dosis de fuerza excesiva que aleje a aquello o a aquel a quien se dirige de su estado natural. Es decir, para poder definir un acto como violento es necesario que quede definida la constitución de tal estado natural. Martín Baró (1985) plantea también que el concepto violencia varía según el espacio y las razones por las cuales se expresa. "Una es la violencia estructural exigida por todo ordenamiento social y otra muy distinta la violencia interpersonal, que puede materializar la estructural o expresar un carácter más autónomo. Una es la violencia educativa, por la que los padres y maestros obligan al niño a realizar determinadas actividades o ejercicios, y otra la violencia personal, cuando alguien "se hace violencia" para cumplir con su obligación o superar su repugnancia frente a determinada tarea." (Martín Baró, 1985, pp. 370-371). De igual forma, plantea que la violencia puede ser hostil (cuando lo que se busca es causar sufrimiento) o instrumental (cuando se utiliza para alcanzar una meta o un fin específico).

José Sanmartín (1998), por su parte, propone que la violencia se configura a partir de la combinación de una agresividad natural inherente en los seres humanos en conjunto con un producto de la cultura (como las armas) y la cultura misma. "La violencia, en definitiva, es un producto de la acción de la cultura sobre la natura, del ambiente sobre la biología." (Sanmartín, 1998, p. 18). Entre las partes de la cultura que influyen en el desarrollo de acciones violentas pueden mencionarse las condiciones socio-económicas deprimidas y la familia. Sin embargo, el aspecto principal que Sanmartín (1998) trae a nuestra consideración es el hecho de que la violencia tiene como origen una agresión natural, la cual es inherente en el ser humano. Para este autor "los seres humanos, en definitiva, somos agresivos por naturaleza." (Sanmartín, 1998, p. 14)

Por su parte, el filósofo esloveno Slavoj Zizek (2009), establece que existen varios tipos de violencia. Una es la violencia subjetiva y otra es la violencia objetiva. La violencia subjetiva, consiste en aquellos actos de crimen y terror, disturbios civiles, conflictos internacionales, directamente visibles, practicada por un agente que podemos identificar al instante. Es simplemente la parte más visible de la violencia. La violencia objetiva, por otra parte, puede subdividirse a su vez entre una violencia simbólica y una violencia sistémica. La violencia simbólica, es una forma primaria de violencia que se relaciona con el lenguaje y la imposición de cierto universo de sentido. La violencia sistémica, por otro lado, es la violencia inherente al estado normal de las cosas. La violencia subjetiva se produce en el marco de interrupción de lo cotidiano, mientras que la violencia objetiva es invisible ya que no se tiende a cuestionar las formas en la que se impone el ordenamiento social y lo normal.

El concepto agresión, por otro lado, es tan complejo como el concepto violencia. Martín Baró (1985), define la agresión como una forma de violencia; aquella que aplica la fuerza contra alguien de manera intencional, es decir, seria aquella acción que tiene como propósito el causar un daño a otra persona. Según este planteamiento la característica particular de la agresión es la capacidad y la intencionalidad de generar un daño a otro. Para Sanmartín (1998), la agresión es simplemente un rasgo de conducta en el sentido estricto del término: un rasgo, es decir, una nota que ha sido evolutivamente seleccionada porque incrementa la eficacia biológica de la especie. Para comprender los orígenes de esta premisa debemos recurrir a la etología.

La etología se define como el estudio del comportamiento de los animales en su medio ambiente natural. Sin embargo algunos etólogos como Konrad Lorenz (1974) han extendido sus trabajos para incluir al ser humano. Lorenz plantea que tanto los animales como los seres humanos han sobrevivido debido a que poseen un instinto agresivo que les sirve para proteger sus territorios y a sus crías. "Para Lorenz la agresividad en el hombre es un impulso biológicamente adaptado, desarrollado por evolución, que sirve para la supervivencia del individuo y de la especie." (Cerezo Ramírez, 2002, p. 24).

En síntesis, para la etología el instinto agresivo cumple tres funciones: 1) dispersar a los miembros de la especie sobre áreas geográficas más amplias para asegurar la utilización máxima de los recursos alimenticios disponibles; 2) fortalecer genéticamente a la especie, pues sólo sobreviven los más fuertes, y 3) proteger mejor y asegurar la sobrevivencia de la prole. La agresión posibilita también un principio de orden denominado como jerarquía social. Cada individuo sabe quien es el más fuerte y el más débil, inhibiéndose así los combates entre los miembros de una sociedad. De las tres funciones antes mencionadas, la más importante de todas es la dispersión geográfica. "El peligro de que en una parte del biotipo disponible se instale una población demasiado densa, que agote todos los recursos alimenticios y padezca hambre mientras otra parte queda sin utilizar, se elimina del modo más sencillo si los animales de una misma especie sienten aversión unos por otros. Ésta es la más importante misión, dicha sin adornos y rodeos, que cumple la agresión para la conservación de la especie." (Lorenz, 1974, p. 40)

De esta forma, la agresión se manifiesta entre los animales de diversas maneras y con diferentes fines. Entre sus distintas manifestaciones podemos mencionar; la agresión depredadora (provocada por la presencia de una presa natural); la agresión antidepredadora (provocada por la presencia de un depredador); la agresión territorial (agresión que surge para defender un área geográfica frente a un intruso) y la agresión de dominancia (provocada por el deseo de tener un objeto o por el desafío de la posición jerárquica). Otros tipos de agresión que deben ser considerados son la agresión maternal (provocada por la proximidad de algún agente amenazador para las crías de la hembra); la agresión de destete (provocada por la creciente independencia de la prole); la agresión paternal disciplinaria (provocada por juegos bruscos, alejamientos y acciones semejantes); la agresión sexual (provocada por las hembras con el propósito de apareamiento); la agresión relacionada con el sexo (provocada por los mismos estímulos que determinan la conducta sexual); la agresión entre machos (provocada por la presencia de un competidor masculino de la misma especie); la agresión inducida por el miedo (provocada por la presencia de algún ente amenazador); y la agresión irritable (provocada por la presencia de cualquier organismo u objeto atacable). Es importante destacar que no todos los tipos de agresión antes señalados pueden ser aplicados únicamente a los animales, algunos de estos tipos de agresión pueden ser atribuidos tanto a los animales como a los seres humanos.

Según Lorenz (1974), el instinto agresivo opera en los organismos como una forma de mecanismo hidráulico. Es decir, produce una tensión en el organismo que va acumulándose con el tiempo. Ante el surgimiento de estímulos desencadenantes esta tensión acumulada se convierte en comportamiento agresivo. Para evitar que la tensión instintiva de la agresión alcance niveles altos que podrían llevar a la realización de actos más agresivos, les conviene ofrecer salidas constructivas a las tendencias agresivas.

Otra teoría que parte de la premisa de que la agresión es parte constitutiva del ser humano es el psicoanálisis. En su trabajo *El Malestar en la Cultura*, Sigmund Freud nos plantea que "[e]l hombre no es una criatura tierna y necesitada de amor, que sólo osaría defenderse si se le atacara, por el contrario, un ser entre cuyas disposiciones instintivas también debe incluirse una buena porción de agresividad." (Freud, 1983, p. 59). Para comprender esta premisa es necesario exponer algunos conceptos de la teoría psicoanalítica. Según Freud, existe en el ser humano una pulsión innata (Eros) cuyo propósito es conservar la vida. Mediante el establecimiento de paralelismos biológicos, Freud llegó a la conclusión de que debía existir en el ser humano una pulsión antagónica al Eros. "[A]demás del instinto que tiende a conservar la sustancia viva y a condensarla en unidades cada vez mayores, debía existir otro, antagónico de aquél, que tendiese a disolver estas unidades y a retornarlas al estado más primitivo, inorgánico." (Freud, 1983, p. 67) Freud denominó a esta pulsión antagónica al Eros instinto tanático o pulsión de muerte, debido a la tendencia de la misma a disolver las unidades de vida y retornar las mismas a un estado primitivo e inorgánico.

Las manifestaciones de la pulsión de muerte no sólo tienen lugar al interior de los sujetos, sino que parte de éste se orienta contra el mundo exterior en la forma de un impulso de agresión y destrucción. La finalidad principal de dirigir este instinto destructivo hacia el mundo exterior es evitar que el sujeto se destruya a sí mismo. "De tal forma el propio instinto de muerte sería puesto al servicio del Eros, pues el ser vivo destruiría algo exterior, animado o inanimado, en lugar de destruirse a sí mismo. Por el contrario, al cesar esta agresión contra el exterior tendría que aumentar por fuerza la autodestrucción, proceso que de todos modos actúa constantemente." (Freud, 1983, pp. 67-68) Sin embargo, para poder vivir en una sociedad no es posible expresar estas tendencias de destrucción de objetos o sujetos de forma cotidiana. Para Freud, según la interpretación de James A. Schellenberg (1981), "[l]as tendencias agresivas del hombre deben refrenarse si queremos construir la civilización.

Esto sucede no sólo mediante el control de las acciones antisociales, sino que además requiere la represión interna de los impulsos agresivos." (Schellenberg, 1981, p. 40).

Por lo tanto, esta tendencia agresiva presente en nosotros, como en todos los seres humanos, debe ser sublimada para que puedan darse las relaciones entre las personas, posibilitándose así la convivencia social. "La existencia de tales tendencias agresivas, que podemos percibir en nosotros mismos y cuya existencia suponemos con toda razón en el prójimo, es el factor que perturba nuestra relación con los semejantes, imponiendo a la cultura tal despliegue de preceptos" (Freud, 1983, p. 60) Esta sublimación de las tendencias agresivas, y de los otros instintos relacionados con la interacción de los seres humanos, es la que provoca, según Freud, una frustración y un malestar en los seres humanos.

La postura asumida por Freud sobre la existencia de un instinto de destrucción en el ser humano ha estado sujeta a críticas. Lorenz (1974) sugiere que debe hacerse una distinción entre la propuesta del principio tanático como la manifestación de un aspecto negativo y oscuro del ser humano y el instinto de agresión entre los miembros de la misma especie expuesto por él. Para Lorenz (1974) "la agresión interespecífica no es nada grave ni diabólico como el principio tanático, aniquilador, ni siquiera una parte de esa fuerza que siempre quiere el mal y siempre hace el bien'. Sin duda, la agresión es parte esencial en la organización conservadora de la vida de todos los seres. Naturalmente, como todo lo terrenal, a veces puede funcionar indebidamente y destruir alguna vida, aunque esté destinada a favorecer el gran suceso de la vida orgánica." (Lorenz, 1974, p. 50)

Debemos destacar que la pregunta sobre la existencia o no existencia de una pulsión de muerte no da cuenta de la interrogante que nos invita a observar la agresión en el ser humano. Ya sea como producto de una pulsión de muerte o una pulsión vital pervertida o un instinto animal ancestral sin el cual no hubiésemos alcanzado el desarrollo evolutivo actual, la conclusión es la misma: la agresión, así como la violencia, están presentes de forma constante en la existencia del ser humano. "Si los seres humanos utilizamos la violencia para lograr nuestros objetivos, si de hecho nos agredimos unos a otros con una frecuencia e intensidad que no disminuye a lo largo de los siglos, ello significa sin duda que hay algo en nosotros, en nuestra propia constitución, que nos convierte en sujetos de violencia." (Martín Baró, 1985, p. 403)

El ser sujetos de violencia, distinto de ser sujetos de agresión, presupone un aspecto 'negativo' del ser humano. Por ejemplo, plantear que un vendedor es agresivo, es sugerir que la persona podría ser considerada como un buen vendedor. La agresividad en el vendedor puede referirse a una característica que lo convierte en un vendedor exitoso. De igual forma, podríamos plantear lo mismo sobre un ejecutivo o cualquier otro tipo de empresario. Pero si planteamos que el vendedor es violento, ya no estamos refiriéndonos a una persona que tal vez sea persuasiva, dinámica o eficiente sino a otro tipo de persona. Es probable que alguien se interese en adquirir un producto o servicio de un vendedor agresivo pero no de un vendedor que amenaza con interrumpir nuestro estado natural. Siguiendo esta línea de pensamiento, Martín Baró (1985) señala que la mayoría de los psicólogos aceptan la violencia como algo negativo pero no piensan lo mismo de la agresión.

Esta distinción que plantea que la agresión no es necesariamente negativa puede estar relacionada a un momento específico de la evolución biológica del ser humano, en el que estos comportamientos eran necesarios para la supervivencia de la especie. Utilizaremos un ejemplo de la literatura llevado al cine por el afamado director Stanley Kubrick para exponer este planteamiento. En la película *A Clockwork Orange* el personaje de Alex es enviado a prisión por cometer una serie de delitos. En prisión, surge la oportunidad de reducir su sentencia a cambio de participar en un proyecto experimental para eliminar la conducta violenta. El experimento resulta ser exitoso y Alex queda condicionado a reprimir en determinadas circunstancias su comportamiento 'ultraviolento'.

Pero la eliminación de esta 'ultraviolencia' en Alex tiene otra consecuencia: la eliminación de cualquier comportamiento agresivo presente en él. Comportamiento que podría ser utilizado como protección ante los ataques de otras personas. Como vemos en la película, Alex es incapaz de defenderse cuando es atacado por sus anteriores víctimas, quedando expuesto a cualquier tipo de daño, incluyendo la muerte. En este sentido, la agresión puede ser entendida como una característica 'positiva' que contribuye a la protección del organismo contra cualquier ataque.

Este entendido ha llevado a ciertos/as investigadores/as, a realizar investigaciones relacionadas con la agresión, particularmente aquellas vinculadas con los medios de comunicación, a enfocarse, no solo en los posibles efectos positivos que están relacionados con la agresión, sino también en los negativos. Al interior del quehacer investigativo, se han desarrollado dos vertientes teóricas principales en el estudio de la agresión. La primera vertiente teórica es la teoría de la estimulación. Esta teoría establece que las personas expuestas a escenas de violencia presentan un incremento en la posibilidad de llevar a cabo actos agresivos en la vida real. Esta teoría puede comprenderse mejor si examinamos la teoría del aprendizaje social de Albert Bandura (1961). Para Bandura (1961) la mejor forma de adquirir un comportamiento violento es mediante el aprendizaje directo. Es decir, las conductas agresivas son aprendidas mediante la realización y práctica de tales comportamientos. Si se obtiene algún tipo de recompensa mediante el uso de este tipo de comportamiento, es probable que se recurra a los mismos cuando se presente una situación similar.

Sin embargo, el aprendizaje directo no es la única forma de aprender un comportamiento agresivo. La exposición indirecta de un sujeto a ciertos comportamientos agresivos podría llevar a que éste aprenda el mismo. Esto es lo que se conoce como aprendizaje vicario. Según Martín Baró (1985), el aprendizaje vicario es aquel que se lleva a cabo sin la necesidad de que haya tenido lugar una experiencia directa. Es un aprendizaje de carácter simbólico, que se obtiene mediante la contemplación de modelos.

El estudio clásico de Bandura y sus colaboradoras, Dorotea Ross y Sheila A. Ross, (1961), sobre el aprendizaje social estableció que los comportamientos agresivos pueden ser aprendidos mediante la imitación. El estudio *Transmission of Aggression through imitation of agressive models*, fue realizado en la guardería (*nursery school*) de la Universidad de Standford durante 1961. Los sujetos del experimento fueron 32 niños y 32 niñas, cuyas edades fluctuaban entre 37 y 69 meses. Los niños fueron divididos en ocho grupos experimentales, compuesto cada uno de los grupos por seis sujetos, y un grupo control de 24 sujetos. De los ocho grupos experimentales, cuatro fueron expuestos a uno o dos modelos de conducta agresiva. Los restantes cuatro grupos fueron expuestos a modelos de conducta no agresivos.

Los niños de los grupos experimentales permanecían en un cuarto de juegos durante diez minutos. Los niños de uno de los grupos observaron a un modelo adulto jugar en una esquina tranquilamente con juguetes. Los niños de otro de los grupos también observaron a un modelo adulto jugar. El modelo adulto que observaban los niños de este segundo grupo comenzó a ensamblar un juguete por espacio de un minuto aproximadamente. Luego, el modelo adulto se movió a otra esquina del cuarto en el que se encontraba y se dedicó a patear y golpear un muñeco "Bobo" de tres pies de altura los nueve minutos restantes de la sesión. Luego de observar el comportamiento del modelo adulto, los niños fueron llevados a otro cuarto de juegos donde se les permitió jugar con un muñeco "Bobo", similar al que habían observado minutos antes.

Los niños que habían observado al modelo agresivo exhibieron conductas más agresivas hacia el muñeco "Bobo" que aquellos niños que no estuvieron expuestos al modelo agresivo. Incluso, los niños del segundo grupo llegaron a imitar muchos de los comportamientos que el modelo adulto expresó contra el muñeco. Por el contrario, los niños que observaron al modelo adulto jugar tranquilamente en una esquina del cuarto de juegos se comportaron de forma menos agresiva en comparación a los niños que no estuvieron expuestos a ningún modelo. El estudio sugiere que los niños pueden llegar a imitar conductas observadas de los adultos. El estudio también sugiere que los adultos influyen significativamente en el comportamiento de los niños.

La teoría del aprendizaje social establece entonces que "el hecho, sin embargo, de que los sujetos expresaron su agresión en formas que claramente se parecían a los patrones noveles exhibidos por los modelos, proveyó una sorprendente evidencia de que ocurrió un aprendizaje por imitación[24]." (Bandura, Ross & Ross, 1961, p. 580) Este planteamiento supone que la contemplación de acciones

---

24 The fact, however, that subjects expressed their aggression in ways that clearly resembled the novel patterns exhibited by models provides striking evidence for the occurrence of learning by imitation. (Bandura, Ross & Ross, 1961, p. 580). Traducción propia.

agresivas podría propiciar que el sujeto que las observa las reproduzca, siempre y cuando, se enfrente a situaciones y circunstancias similares a aquellas en donde se produjo el aprendizaje. Esta forma de aprendizaje no supone que toda persona llegará a expresar el acto agresivo observado, lo que esta teoría postula es que las personas pueden aprender comportamientos agresivos mediante la observación, independientemente de realización de los mismos.

La segunda teoría examinada con relación a la agresión en los videojuegos es la teoría de la catarsis. Esta teoría parte de la premisa de que la agresión puede ser reducida mediante la catarsis. "La catarsis supone una expresión repentina de afecto anteriormente reprimido cuya liberación se hace necesaria para mantener el estado de relajación adecuado, siendo así una solución única al problema de la agresividad humana." (Cerezo Ramírez, 2002, p. 26) Partiendo de esta definición podríamos plantear que la contemplación de violencia podría producir una catarsis en quién la observa. Pero la catarsis no ocurre de forma automática, ésta debe producir una reacción fisiológica para que se materialice. Potter (2003) sugiere que la catarsis solo funciona si la persona se encuentra en un relativo estado de excitación, sin la cual no hay energía o pulsión agresiva que disipar. Siguiendo esta línea de pensamiento, podríamos plantear que una persona desensibilizada hacia la violencia, como consecuencia de un proceso de habituación a la misma, no experimentará una catarsis debido a que no se produciría en ella la excitación necesaria para que esta tenga lugar. Hay que destacar, sin embargo, que de las dos vertientes teóricas antes discutidas, la mayor parte de las investigaciones están dirigidas a sustentar la teoría de la estimulación sobre la teoría de la catarsis.

Otros estudios sobre videojuegos se han centrado en la relación entre los videojuegos y el cerebro y ciertos neuro trasmisores. Para Gentile (2005), cuando los jugadores tienen que estar constantemente buscando en la pantalla pequeñas diferencias que pueden representar una señal de un enemigo, y luego dirigen su atención y apuntan a un área en particular, el jugador desarrolla destrezas perceptuales y de atención. Siguiendo la premisa de Donald Hebb, sobre las neuronas que disparan juntas crean circuitos, Gentile (2005) plantea que cuando practicamos algo de forma repetida esto tiene un efecto en el cerebro. Así que si lo que practicamos diariamente afectan el cerebro, entonces cuando practicamos continuamente pensamientos agresivos, experimentar sentimientos relacionados con estos pensamientos y reaccionar a ellos, nos volvemos mejor en este tipo de pensamiento. Esto no significa para Gentile (2005) que el exponerse a juegos violentos causará necesariamente comportamientos agresivos a los usuarios de juegos violentos. No obstante, sí sugiere que como en el juego se busca constantemente a los "enemigos" de forma vigilante para poder contrarrestar su ataque, estamos ensayando un libreto que pude contribuir al desarrollo de un sesgo de atribución de hostilidad (*hostile attibution bias*). Este sesgo puede definirse como un sesgo perceptual y cognitivo que tiende a atribuir intensiones hostiles a las acciones de los demás. En síntesis, para Gentile (2005), son cinco las dimensiones de los videojuegos que pueden contribuir a que se produzcan cambios en el cerebro- y en el comportamiento. Estas dimensiones son el contenido del juego, su contexto, la estructura y mecánicas del juego y el tiempo de juego.

Miguel Ángel Carrasco & María José González (2006), por otro lado, citando trabajos de otros investigadores sobre la expresión de comportamientos agresivos en los seres humanos, plantean que estos han sido vinculados con la presencia de ciertos neurotransmisores tales como la serotonina, la dopamina, la adrenalina, y el GABA, siendo este ultimo el que la inhibiría. Según César Soria, María Isabel Pérez, Mario Soto & Alfredo Feria (2008), los niveles de serotonina (5-HT), tanto en primates no humanos como en humanos, tienen una influencia directa en el estado de ánimo. Niveles bajos de este neurotransmisor pueden inducir comportamientos agresivos mientras que niveles óptimos del mismo tienden a disminuir la expresión de agresión. Sin embargo, estos autores plantean que no es posible establecer una relación causal entre niveles bajos de serotonina y la expresión de comportamientos agresivos ya que existe la posibilidad de que la disminución de serotonina sea consecuencia de la expresión de comportamientos agresivos en lugar de la causa. "A pesar de las diferentes investigaciones sobre el papel que desempeña la 5-HT en la expresión de la conducta agresiva, no existen datos claros o consistentes al respecto. La agresión parece depender de un estado particular en el funcionamiento del organismo o del objetivo de la conducta agresiva." (Soria, Pérez, Soto y Feria, 2008, p. 488). Por otro lado, Federico Dajas (2010) plantea que es difícil describir los efectos, directos o indirectos, que los neurotransmisores tienen en el comportamiento agresivo. Debido a que la serotonina no tiene una función única y global, y existen receptores en múltiples regiones cerebrales, no es posible identificar de forma directa si el exceso o disminución de esta contribuye en la expresión de comportamientos agresivos.

No solo los neurotransmisores han sido asociados con la expresión de comportamientos agresivos, las estructuras del cerebro también han sido objeto de estudio en este particular. "En los últimos años, la agresividad se ha vinculado a una disminución de la actividad cerebral en determinadas áreas corticales, como las pre-frontales (Drexler, Schweitzer, Quinn, Gross, Ely, Mamad & Kilts, 2000; Pietrini, Guazleelli,

Basso, Jaffe & Grafmann, 2000), así como a lesiones en el córtex orbitofrontal (Blair y Cipolotti, 2000; Blair, 2001) y el gyrus parietal superior,y a ciertas anomalías en la asimetría cerebral (Raine, Buchsbaum & LaCasse, 1997)." (Carrasco & González, 2006, p. 18) Dajas (2010) señala que el lóbulo pre-frontal, aquel relacionado con las funciones psicológicas superiores como la toma de decisiones, la planificación de acciones y el procesamiento emocional (entre otras), al ser afectado de alguna manera que disminuya sus funciones, dicha disminución podría llevar a la persona a expresar comportamientos agresivos. Sin embargo, no es una única causa para esto y de ocurrir, estaría también vinculado con otras áreas del cerebro. "[A]unque la violencia y la agresión se correlacionan con la disminución de la función pre-frontal, la pérdida de esta, por sí misma, no la genera, sino que para ello es necesaria la alteración de circuitos que tienen en el lóbulo pre-frontal un núcleo de relevo importante, pero incluyen otras áreas cerebrales. Otros componentes fundamentales de la regulación de las conductas agresivas en el cerebro son las áreas límbicas y subcorticales basales (ganglios basales, núcleo accumbens, substancia nigra, etc.)." (Dajas, 2010, p. 31) Por ejemplo, la amígdala es el gran integrador de las señales de estrés y se ha demostrado que cuando el estrés es prolongado o es particularmente intenso, esto podría interferir con el funcionamiento normal del lóbulo pre-frontal. Soria, Pérez, Soto & Feria (2008) coinciden con la importancia de la amígdala en la expresión de comportamientos agresivos, particularmente en animales. "La amígdala basolateral, formada por los núcleos lateral, basolateral y basal, estimula el ataque defensivo, pero no afecta la predación, mientras que la amígdala corticomedial, formada por los núcleos central y medial, facilita el ataque defensivo e inhibe la predación." (Soria, Pérez, Soto & Feria, 2008, p. 483)

Otra estructura que ha sido investigada en animales sobre la relación que podría tener con la expresión de comportamientos agresivos es el hipotálamo. Según Soria, Pérez, Soto & Feria (2008) el hipotálamo tiene tanto sistemas facilitadores de la misma como inhibidores del comportamiento agresivo y desempeña un rol fundamental en su expresión. Cuando ocurre una lesión en el hipotálamo puede ocurrir un cambio en la intensidad o probabilidad de que ocurran comportamientos agresivos. "Se ha señalado que la estimulación cerebral del hipotálamo medial provoca la conducta ofensiva, la del dorsal desencadena patrones conductuales de defensa y la del hipotálamo lateral facilita la conducta predatoria." (Soria, Pérez, Soto y Feria, 2008, p. 34).

Recapitulando, las teorías antes esbozadas nos permiten comprender mejor el concepto de agresión y como este ha sido estudiado, principalmente en la psicología. Sin embargo, estas teorías están enfocadas en la inevitabilidad de la expresión agresiva, independientemente si esta es provocada por la incorporación de un esquema cognitivo de acción, un modelo hidráulico que cada cierto tiempo debe ser liberado, un aspecto inconsciente del comportamiento o un desbalance neuroquímico o cambios en las estructuras cerebrales. Aunque estas teorías pueden ayudarnos a comprender mejor el concepto de la agresión, hay otra teoría que quizás nos ayude a comprender por qué las expresiones agresivas al jugar videojuegos solo son expresadas por algunos/as jugadores/as y estas no son expresadas hacia otras personas u objetos de igual forma.

Una de las teorías clásicas en Psicología en el estudio de la agresión es la Teoría de la frustración-agresión desarrollada por John Dollard, Leonard Doob, Neal Miller, O.H. Mowrer y Robert Sears en 1939. Esta teoría propone que la agresión surge cuando una meta o fin deseado es bloqueada o interferida. Estos investigadores definieron la frustración como aquel estado o condición que se produce cuando se impide a un individuo realizar una respuesta buscada como objetivo. Según Martín Baró (1985), la formulación original era muy rígida ya que establecía que siempre que ocurriera una frustración habría una agresión. Miller (1941) reformuló la teoría para proponer que toda agresión sería un producto de una frustración anterior pero que no toda frustración produciría una agresión. La agresión seria una de las posibles respuestas ante una frustración, como por ejemplo, escapar de la situación, alcanzar metas alternativas o superar los obstáculos, pero no sería la única.

Leonard Berkowitz (1996) propuso un nuevo modelo de frustración-agresión en el que planteo una relación entre el estado emocional de la persona y los estímulos del medio ambiente en el que se encuentra la persona. El cambio propuesto por Berkowitz (1996) consistió en tres puntos. Primero, mantuvo la premisa que planteaba que la frustración puede predisponer a las personas a realizar comportamientos agresivos, pero dichos comportamientos también pueden surgir de otras fuentes, como por ejemplo la adquisición de hábitos agresivos. En segundo lugar, estableció que los estímulos externos son fundamentales para comprender esta relación. Para Berkowitz (1996), los factores ambientales funcionan como señales simbólicas que permiten expresar un comportamiento agresivo. En este sentido, la agresión no es solo el resultado de una frustración, también se requiere un contexto posibilitador en el cual el comportamiento agresivo pueda expresarse. En tercer lugar, se establece que la frustración no es el único origen de la agresión, sino solamente otro estímulo aversivo similar a otros, ya que muchos comportamientos agresivos se deben a otras causas. De igual forma, una emoción aversiva no producirá necesariamente un acto de agresión.

Esto dependerá de las emociones, recuerdos y experiencias pasadas que dicha emoción evoque en la persona.

"El modelo explicativo de la conducta agresiva para Berkowitz podría quedar representado en la siguiente secuencia: un acontecimiento aversivo genera un afecto negativo o sentimiento desagradable que, por su vinculación con pensamientos, recuerdos, reacciones expresivo motoras y otras emociones negativas asociadas a una tendencia de lucha, generan finalmente un sentimiento de ira rudimentario, que finalmente, produce la ira y las inclinaciones conductuales agresivas, consistentes bien en arremeter contra un blanco disponible o bien en la urgencia de herir a alguien. Si el sentimiento derivado del afecto negativo da lugar a un sentimiento de temor rudimentario, fruto de las asociaciones a pensamientos, recuerdos o reacciones expresivo motoras correspondientes a una tendencia de huida, el resultado en lugar de la ira y la agresión sería el terror y sus inclinaciones conductuales de escape." (Carrasco y González, 2006, p. 21)

Siguiendo a Berkowitz (1996), podríamos plantear que el *Rage Quit* se produce como una reacción ante una frustración experimentada por los/as jugadores/as. La frustración es producida por la incapacidad del jugador para dominar el juego o a otros/as jugadores/as, que de tener lugar en un contexto propicio, permitiría la expresión de un comportamiento agresivo, el cual permanecerá mientras dure el sentimiento de frustración. Para comprender como el *Rage Quit* afecta a los/as jugadores/as, debemos recordar que los videojuegos son, en última instancia, juegos y como tales poseen unas características particulares.

Según Johan Huizinga (1938/2010), los juegos poseen

ciertas características. En primer lugar, son una actividad libre. Cualquier actividad lúdica debe realizarse libremente, ya que si es obligada, ordenada o por encargo no es juego. Es este elemento de libertad lo que permite a su vez que el juego pueda ser abandonado en cualquier momento. Como no es una tarea, un deber o una obligación, la actividad de jugar solo durará mientras la misma sea una divertida, siendo realizada durante periodos de ocio. El juego no forma parte de la vida cotidiana, por el contrario se constituye como una esfera temporal de actividad que posee su tendencia propia. Una segunda característica del juego es que este puede absorber por completo al/la jugador/a. El juego transita entre ser una actividad seria y una actividad en broma, es decir, "el valor inferior del juego encuentra su límite en el valor superior de lo serio. El juego se cambia en cosa seria y lo serio en juego." (Huizinga 2010, p. 21).

En tercer lugar, los juegos se caracterizan por estar encerrados en sí mismos y estar limitados por tiempo. Esta característica es reconocida también Roger Caillois (1958/2001), otro teórico sobre el juego, en su trabajo *Man, Play and Games*. Según Caillois, se juega en un espacio determinado, en un tablero como es el caso del ajedrez, en un estadio, en una pista, en un parque, en una cancha, etc. Salirse del espacio de juego puede tener algún tipo de penalidad en el juego. En términos de tiempo, el juego tiene un tiempo de inicio y un tiempo de terminar que se pacta anticipadamente. Puede prolongarse el mismo, pero sólo a petición de los propios jugadores o si es ordenado por un árbitro del juego. En ambos casos, el dominio del juego es uno restringido, cerrado, protegido. Para Caillois (1958/2001), el espacio de juego es un espacio puro. Finalmente, una cuarta característica de los juegos, es que tienen reglas. Las reglas son obligatorias y determinan que acciones tienen valor y cuáles no dentro del juego. Las reglas no pueden ser objeto de discusión, deben seguirse o de lo contrario el juego pierde sentido. Deben ser aceptadas por consenso de los jugadores y tienen valor en sí mismas.

Una característica adicional señalada por Huizinga (1938/2010), es el elemento agonal de juegos. El concepto Agón es utilizado en los juegos de competencia y de lucha. Según este autor, "el Agón, en el mundo griego, o en cualquier otra parte donde se haya presentado, muestra todas las características formales del juego y pertenece, en virtud de su función, más que nada al dominio de la fiesta, es decir, a la esfera del juego. Es imposible separar la competición, como función cultural, de la reunión entre juegos, fiesta de acción sacra." (Huizinga 2010, p. 49). El elemento de la competencia genera tensión en quienes juegan así como en aquellos que fungen como espectadores. Esta tensión está relacionada con la incertidumbre sobre el desenlace del juego, el cual dependerá del esfuerzo realizado por quien juega, ya que su meta es ganar. Ganar es un sentimiento agradable que aumenta con la presencia de otros, aunque esta no es imprescindible para obtener una satisfacción del desenlace del juego. Para ganar es necesario competir contra otro. Es decir, "[g]anar quiere decir: mostrarse, en el desenlace de juego, superior a otro. En el instinto agonal no se trata, en primer lugar, de la voluntad de poderío o de dominación. Lo primario es la existencia de exceder a los demás, de ser el primero y de verse honrados como tal. La cuestión de si, como consecuencia, el individuo o el grupo que aumenta su poder, es más bien secundaria. Lo principal es haber ganado." (Huizinga 2010, pp. 72-73).

En síntesis, el *Rage Quit* puede ser entendido como una frustración que se produce cuando la persona no puede ganar, cuando el deseo de ganar, ya sea contra el propio juego como o contra otro/ jugador/a, es bloqueado. Esto explica, siguiendo a Berkowitz (1996), porque no todos los que juegan videojuegos experimentan el *Rage Quit*. No es lo mismo perder contra el propio juego que perder contra otra persona, no es lo mismo perder una y otra vez en la misma parte del juego que perder en varias partes del juego, no es lo mismo perder jugando en línea que perder con otra persona que está presente y que puede burlarse por la derrota, no es lo mismo perder contra un novato (*noob*) que contra un jugador experto. En fin, la expresión de la frustración como comportamiento agresivo dependerá, como ya hemos mencionado, de la frustración que se produzca al perder, siendo este evento uno de carácter subjetivo, evocando emociones diversas en todos/as los jugadores/as. De esta forma, no podemos plantear que el *Rage Quit* es el resultado directo de jugar videojuegos, sino una posibilidad que dependerá de las características que cada jugador/a trae consigo y de las emociones que sean evocadas al momento de jugar. Este exabrupto emocional no debe ser confundido con un comportamiento agresivo permanente en la persona ya que el *Rage Quit* tiende a no durar mucho tiempo. Esta expresión de agresión, consecuencia de una frustración, es la que pudiera llevar a una persona, ajena al ejercicio de jugar videojuegos, a pensar que la exposición a los juegos puede volver a las personas agresivas.

Gamers Gang PR
INSCRIPCION
DE 9 A 11 AM
TORNEO
11 AM
PREMIOS
EN $$$
RESIDENT EVIL
EXTINCTION
online

SEGUNDA PARTE

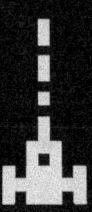

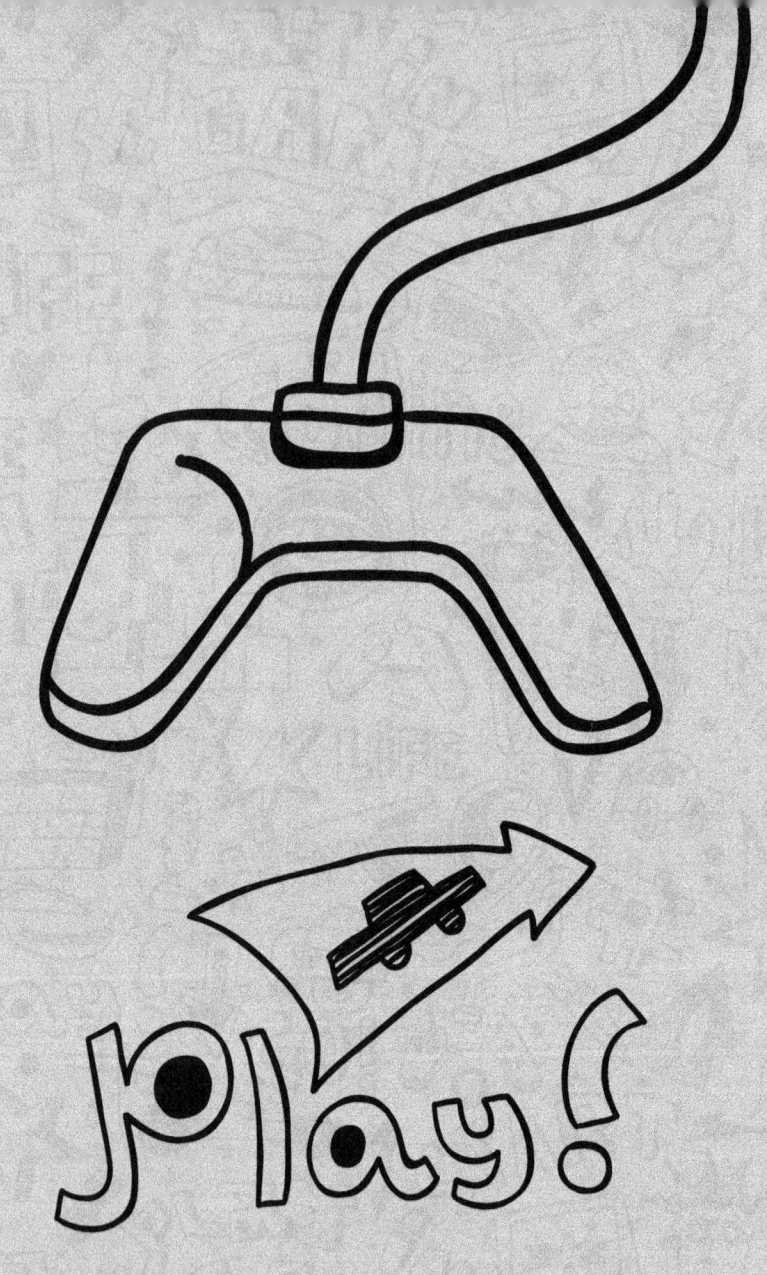

STAGE IV
Acercamiento metodológico para el estudio de la cultura de los videojuegos

Se estima que en Puerto Rico hay más de un millón de consolas de videojuegos[25]. Sin embargo, en Puerto Rico no existen datos específicos sobre las prácticas y preferencias de juegos de los videojugadores/as. El estudio que presentamos en los siguientes stages tiene como propósito contribuir al conocimiento sobre una práctica cotidiana que cada vez adquiere más adeptos, no solo en el escenario local sino también a nivel mundial. Los objetivos del estudio fueron: (1) Obtener información sobre las prácticas y preferencias de los/as usuarios/as de los videojuegos en Puerto Rico (género, horas que emplean en jugar, tipos de juego que prefieren, preferencias por juegos en línea o en consolas, etc.); (2) Examinar la categoría videojugador/a (*gamer*) en Puerto Rico, a partir de los propios miembros que forman parte de esta comunidad, y como esta se encuentra vinculada a ciertas prácticas sociales y culturales; (3) Explorar si en Puerto Rico los/as videojugadores/as sienten que forman parte de una subcultura social y (4) Examinar las vivencias cotidianas de las personas que pertenecen a la comunidad de videojugadores/as y como estas se constituyen como espacio social de interrelación, identidad y representación social.

---

25 El Nuevo Día. Voz de alerta con los videojuegos. 13 de diciembre 2012.

En términos metodológicos, entendemos que para comprender de forma más amplia un fenómeno social es necesario combinar métodos cuantitativos y cualitativos. Cada una de estas perspectivas metodológicas contribuye con información sobre nuestro objeto de estudio posibilitando una mayor comprensión del mismo. Para nuestro estudio utilizamos un bricolaje metodológico compuesto por tres técnicas investigativas, una cuantitativa y dos cualitativas. Lo primero que hicimos fue hacer visitas etnográficas en los distintos eventos que atraen a la comunidad de jugadores, tales como ventas de medianoche, torneos y exhibiciones; en segundo lugar, administramos una encuesta en línea, la cual fue construida tomando como referencia encuestas utilizadas en otros estudios sobre videojuegos; en tercer lugar, se realizaron entrevistas a personas vinculadas a las denominadas comunidades de *gaming* en Puerto Rico. Las entrevistas se analizaron mediante un análisis temático.

Lo segundo que hicimos fue crear y administrar una encuesta sobre los hábitos, preferencias y otros aspectos que nos interesaba conocer sobre los videojugadores/as en Puerto Rico. Lo interesante de esta encuesta es que administró completamente en línea. Las observaciones etnográficas, específicamente bajo la categoría de observación participe, se llevaron a cabo en los espacios donde se realizan actividades en donde participan miembros de la cultura de videojugadores/as (gamers) de Puerto Rico, particularmente los días en que estrenan nuevos juegos. Según Genzuk (2003), la observación participe es una estrategia que combina la revisión de documentos, la entrevista a informantes, participación directa y observación. En la observación participe el/la investigador/a establece una relación íntima en la vida y actividades de los sujetos observados. El propósito de esta inserción es la posibilidad de desarrollar un punto de vista desde el interior de las actividades y practicas observadas. De esta forma, el/ la investigador/a no solo observa lo que hace el grupo sino que siente lo que significa ser parte del grupo. Esto posibilita que se pueda comprender la experiencia como un miembro más del grupo a la vez que permite describir para las personas externas al grupo lo que ocurre al interior del mismo.

La tercera técnica investigativa que utilizamos fue entrevistas, específicamente entrevistas semi estructuradas. Una vez hechas y transcritas las entrevistas, se hizo un análisis temático para organizar el contenido de las entrevistas y examinar cuales son los temas que más se repiten. Según Banister, Burman, Parker, Taylor y Tindall (2004) un análisis temático es una forma de organizar o leer coherentemente cierto material de entrevista para establecer cómo se relaciona este con las preguntas específicas de una investigación. Bajo el análisis temático se organiza la información obtenida de las entrevistas bajo encabezados temáticos de forma tal que atienda tanto los intereses de las preguntas de investigación como las preocupaciones e intereses de las personas entrevistadas.

Como mencionamos anteriormente, llevamos a cabo este estudio para conocer las características, hábitos y preferencias de los/as videojugadores/as en Puerto Rico así como también las formas en que los videojuegos se insertan en la vida cotidiana de las personas y contribuyen a crear y definir la identidad de sus usuarios. En primer lugar, para comprender a qué nos referimos cuando hablamos de identidad debemos establecer algunos elementos sobre este concepto. Según Íñiguez Rueda, la identidad es un "constructo relativo al contexto sociohistórico en el que se produce, un constructo problemático en su conceptualización y de muy difícil aprehensión desde nuestras diferentes formas de teorizar la realidad social." (Íñiguez Rueda, 2001, p.1). A pesar de ser un concepto difícil de definir y delimitar, es posible comprender sus efectos en el ámbito social. El desarrollo de una identidad, según este autor, nos permite obtener cierta seguridad sobre quienes somos al permitirnos identificarnos y diferenciarnos de otros. En este sentido, podemos entender la identidad como un concepto que no se origina de forma individual, sino en el contexto social.

Iñiguez Rueda (2001) plantea que la identidad nos permite crear un sentido de pertenencia a un grupo o categoría social. De esta forma, las interacciones sostenidas en determinados contextos sociales determinan los comportamientos que tendrán lugar en ese contexto social específico así como en los significados atribuidos a ese comportamiento por parte de aquellos que lo comparten. En síntesis, la identidad (entendida como un proceso social) se refiere siempre a una cultura, en el sentido de que siempre surge en un contexto específico y contiene pautas culturales y lingüistas que contribuyen a formar la visión que tenemos del mundo social.

Con el fin de conocer los contextos sociales específicos que contribuyen al desarrollo de una identidad como videojugador/a en Puerto Rico, incluyendo las pautas culturales y lingüísticas que forman parte del mismo, utilizamos, como ya mencionamos, una estrategia metodológica integrada por tres técnicas de recolección de datos: observaciones etnográficas, encuesta en línea y entrevistas semi estructuradas que fueron sometidas a un análisis temático. En los siguientes stages expondremos cada una de las técnicas de recolección de datos así como el diseño correspondiente que se implementó con cada una de ellas.

El uso de la etnografía en el contexto sociocultural de los videojuegos

La primera técnica de recolección de datos que utilizamos en nuestro estudio fue la observación etnográfica. Según Boellstorff, Nardi, Pearce, y Taylor (2012), el propósito de la etnografía es captar las perspectivas cotidianas al participar de la vida diaria, en vez de realizar experimentos o entrevistas descontextualizadas. Se diferencia de la experimentación ya que no pretende determinar cómo ciertas variables manipuladas pueden explicar ciertas diferencias entre grupos sociales, sino que se interesa en rastrear e interpretar las complejas corrientes de la vida cotidiana que componen nuestra experiencia colectiva como seres humanos. Hammersley y Atkinson (2007) definen la etnografía como la integración de la investigación empírica de primera mano y la integración de la investigación teórica y comparativa de una cultura u organización social. De esta forma, la esencia de la etnografía, según Uzzel y Barnett (2006), es comprender los patrones específicos culturales y de actitudes que hacen que una persona se sienta parte de un grupo. En síntesis, el trabajo etnográfico se caracteriza por realizarse en el campo, sustentado por un trabajo teórico anterior a la inserción en dicho campo y que tiene como propósito conocer de primera mano las prácticas cotidianas que se suscitan entre los miembros de un determinado grupo social.

Existen varios conceptos que debemos conocer al

momento de realizar una investigación etnográfica. Uno de estos conceptos es el concepto cultura. Para Boellstorff, Nardi, Pearce, y Taylor (2012), la cultura es un sistema de sentidos y prácticas compartidas que dan forma a nuestras esperanzas y nuestras creencias; así como a nuestras ideas sobre la familia, identidad, y sociedad. Es el ámbito cultural el que da forma a nuestros entendidos de lo que significa ser una persona en el mundo. La meta de la investigación etnográfica es conocer los contextos culturales en los que la acción humana tiene lugar. Para alcanzar esta meta, el trabajo etnográfico recurre al uso de participantes. Este concepto se utiliza para referirse a aquellas personas con las que el/ la investigador/a se relaciona para conocer más sobre las prácticas de un grupo en particular. Es decir, son aquellas personas que proveen información y a su vez son sus objetos de estudio. Se utiliza el concepto de participante ya que este sugiere que existe un intercambio activo de información entre las personas que forman parte de la cultura que es objeto de estudio y el/la investigador/a. El recurrir a participantes hace posible comprender una sociedad o un grupo al estudiarlo desde el punto de vista de sus miembros. Según Murchinson (2010), el término informante implica que las personas tienen un rol más activo en guiar y darle forma al proceso de investigación ya que se establece una relación entre el/la investigador/a y los/as participantes más personal y típicamente tiene una duración mayor que la relación que establecen otros/as investigadores/as con sus sujetos de estudio. Algunos/as investigadores/as que realizan investigaciones etnográficas, debido al vinculo que se establece entre investigadores/as y las personas, prefiere no utilizar el concepto informante, sustituyendo el término por otros como interlocutores, asociados, asistentes e incluso coinvestigadores o coautores.

Otros dos elementos centrales cuando se realiza una investigación etnográfica radican en la distinción entre los conceptos émico y ético como formas de entender la información que se obtiene al estudiar una cultura.

Estos términos, concebidos por el lingüista Pike (1967), y popularizados en las investigaciones etnográficas de Geertz (1983), hacen referencia a las distintas perspectivas presentes en una investigación de campo. Según Harris (1976), las operaciones adecuadas para descubrir patrones relacionados a lo que piensan las personas es lo que denominamos como operaciones émicas y aquellas adecuadas para descubrir patrones en las corrientes de comportamiento es lo que se denomina como operaciones éticas.

Para los/as etnógrafos/as, los análisis del observador externo (ético) son válidos e informativos, ya que no es posible esperar que los participantes de ciertas prácticas culturales se analicen así mismos como lo haría un investigador académico. Es decir, podemos entender el término ético como datos que se obtienen mediante observación directa. Sin embargo, la información provista por los participantes internos (émicos) es sumamente importante en los estudios etnográficos. Los datos que se recogen no consisten simplemente en recoger información de los participantes, sino también entender, en términos pragmáticos y teóricos como estos dan sentido a su mundo.

Operacionalmente, Harris (1976) plantea que émico se refiere a la existencia de un potencial contexto interactivo en el cual el/la etnógrafo/a y los informantes se encuentran y tienen una discusión sobre un tema en especifico. Esta discusión será considerada como productiva en la medida en que el/la etnógrafo/a descubra principios que representen y tengan en cuenta que el espacio es organizado o estructurado en la mente de ese informante. Por el contrario, lo ético es definido operacionalmente bajo la lógica del observador-observado en donde la interacción entre el/la investigador/a y los actores se considera como productiva en la medida en que los principios de organización o estructuración que existe fuera de la mente de los actores han sido descubiertos. Estos principios pueden ser contrarios incluso a la forma en que los actores organizan su imaginación, conceptos o pensamientos en un espacio específico. Aun cuando se puede inferir mediante observaciones de carácter ético lo que ocurre en la mente de las personas, lo adecuado para realizar diferenciaciones émicas es preguntar a los participantes acerca de lo que piensan y sienten.

En síntesis, si los comportamientos observados son descritos como relaciones o categorías que surgen de criterios del observador relacionados con similitudes, diferencias y significado, son de carácter ético; si las descripciones se realizan usando criterios esbozados por los/as participantes entonces son émicos. El acercamiento etnográfico busca entonces sustraer del acercamiento ético y émico la información que se necesita para el análisis. Esto implica mantener una distinción entre las conclusiones éticas realizadas por el investigador y los entendidos émicos que los participantes comunican o comparten con la persona que investiga. Para efectos de nuestro trabajo, la etnografía nos permitirá explorar el contexto sociocultural en los que tiene lugar la interacción de las personas que juegan videojuegos.

Según Murchinson (2010), la etnografía ya no implica viajar a aldeas remotas, ya que se reconoce cada vez más que los fenómenos sociales y culturales son susceptibles de trabajo etnográfico en cualquier lugar que haya seres humanos. Los estudios etnográficos dentro de la propia cultura o subcultura tienen sus retos ya que requieren que el investigador transforme lo familiar en extraño y haga visible lo que es implícito y dado como verdadero dentro de las prácticas sociales de un grupo.

La etnografía es el producto escrito de múltiples métodos y técnicas de recopilación de datos. Pero, también es un acercamiento metodológico en el cual la observación partícipe es un elemento crítico y en dónde la investigación es guiada por las experiencias que van desarrollándose en el campo. El término observador participe enfatiza la diferencia que existe entre el rol desempeñado por el/la etnógrafo/a y otros/as investigadores/as que utilizan estrategias de investigación en las existe una separación entre el/la investigador/a de los participantes.

Uzzel & Barnett (2006), siguiendo el trabajo de Goetz & LeCompte (1984) señalan cuatro características del trabajo etnográfico. En primer lugar, el trabajo etnográfico busca recopilar información fenomenológica. Esto significa que se busca conocer como aquellos miembros de un grupo construyen una representación del grupo del que forman parte. De esta forma, el trabajo etnográfico se diferencia de otras formas utilizadas en la investigación social ya que la representación es aquella construida por los participantes y no por el o la investigador/a. En segundo lugar, el uso de técnicas etnográficas es empírico y realizado en escenarios naturales, no condiciones de laboratorio. El o la investigador/a esta interesado en conocer como las personas y los grupos se comportan en escenarios que no han sido manipulados por este/a. Un tercer elemento de importancia es que la investigación etnográfica pretende exponer la totalidad del fenómeno que se investiga. En este sentido, el contexto es tan importante como la acción que realizan las personas. Las variables de temporalidad, ambiente, así como las variables socioculturales y económicas ofrecen información importante para comprender el fenómeno estudiado. Cada una de estas características fue incorporada a nuestro diseño de investigación etnográfico. Las observaciones fueron realizadas en escenarios donde ocurren interacciones entre los miembros del grupo que se estudia, en nuestro caso particular, escenarios en los que interactúen los/as videojugadores/as.

Diseño de la investigación etnográfica

Para realizar la investigación etnográfica se crearon dos formas de recoger los datos así como también se designaron escenarios en los que estos se recogerían. El primer paso fue delimitar los espacios en que se realizarían las observaciones. Se seleccionaron dos tipos de actividades: las ventas de medianoche (espacios en los que se estrena un juego nuevo) y torneos o exhibiciones de videojuegos. Para el primer tipo de actividades se seleccionaron los estrenos de los videojuegos *Grand Theft Auto V* (17 septiembre 2013), *Assassins Creed IV* y *Battlefield 4* (28 de octubre de 2013) y *Call of Duty: Ghosts* (4 de noviembre de 2013). Para el segundo tipo de observaciones se seleccionaron los siguientes torneos o exhibiciones de videojuegos: *He'll-O-Ween Tournament* (20 de octubre de 2013), *Challenge Accepted* (27 de octubre 2013), *First Attack!* (3 de noviembre 2013) y *Arcadia* (9 de noviembre de 2013). Antes de visitar los escenarios seleccionados envié vía Facebook mensajes a los/as administradores/as algunas de las páginas que encontré vinculadas a los videojuegos y que eran administradas desde Puerto Rico. Algunas de estas páginas fueron *YetAnotherPlatinum, MiGameroom, Fan Boy y Gamers Gang*.

La técnica de recolección de datos consistió en escribir notas después de cada una de las observaciones. Las notas fueron extensas y descriptivas, y cuando fue posible se incluyeron las conversaciones sostenidas con diferentes participantes durante las actividades.

Resultados de las observaciones etnográficas

Las observaciones etnográficas se realizaron en dos tipos de escenarios: Ventas de medianoche y Torneos o exhibiciones de videojuegos. Los escenarios de ventas de medianoche fueron bastante similares y las observaciones realizadas en este tipo de escenario fueron de carácter ético. Los resultados de las observaciones partícipes de los torneos o exhibiciones fueron de carácter émico ya que la interacción con informantes fue mayor, lo que proveyó más información sobre las prácticas socioculturales de los videojugadores. Se seleccionaron los estrenos de los videojuegos *Grand Theft Auto V* (17 septiembre 2013), *Assassins Creed IV* y *Battlefield 4* (28 de octubre de 2013) y *Call of Duty: Ghosts* (4 de noviembre de 2013) para hacer las observaciones en las ventas de medianoche.

Las observaciones del estreno de *Grand Theft Auto V* se llevaron a cabo en el GameStop de Rexville, Bayamón entre las 10:50pm y las 12:15am del día siguiente. Participaron en el evento alrededor de 200 personas. El evento estuvo coordinado por el Caco del Gaming perteneciente en ese momento, al grupo de PR Gamer. En la tienda se llevaron a cabo una serie de actividades como por ejemplo el realizar trivias o preguntas sobre el juego que estrenaba. Al contestar las preguntas de forma acertada la persona recibía camisas o juegos. Como parte de las actividades había música de *reggaeton* para poner a bailar a los participantes cuando había varios de ellos o cuando la persona no sabía la respuesta a la pregunta sobre el juego. La mayoría de los presentes eran hombres jóvenes entre los 18 y 25 años. Había también niños acompañados por sus padres o madres, así como una mujer embarazada y una con un bebé que vino a comprar el juego. Las mujeres que se encontraban en la tienda parecía que estaban acompañando a sus compañeros o parejas. Sólo observé a dos mujeres jóvenes que estaban esperando para comprar el juego para ellas.

Estuvimos dentro de la tienda hasta las 11:37 y luego nos sacaron afuera para hacer la fila para el juego. Los que compraron el juego *Collectors Edition* o *Special Edition* se quedaron dentro de la tienda. Las conversaciones en la fila eran sobre estrategias de juego. La fila fuera de la tienda se dividió en dos: una para los jugadores de *Xbox* y una para los jugadores de *PlayStation*. A las 12 de la noche comenzó a fluir la fila. A las 12:15am la fila se agotó. Aunque continuaron llegando personas, el evento como tal terminó a las 12:15am. La segunda venta de medianoche que se observó fue la de los juegos *Assassins Creed IV* y *Battlefield 4*. Esta se llevo a cabo en una de las tiendas GameStop del centro comercial Plaza Las Américas. Las observaciones se realizaron entre las 10:00pm y las 12:10am del día siguiente. Participaron de la actividad alrededor de unas 100 personas. Para este evento hubo actividades en las tres tiendas GameStop de Plaza las Américas. El hecho de que las tiendas estuvieran localizadas al interior del centro comercial dificultó un poco el acceso a las mismas. El tema de la actividad de cada tienda estaba vinculado con el juego que hubiera tenido mayores reservas. En la primera tienda que visite en el primer piso de Plaza Las Américas, el tema de la actividad era sobre el juego de *Battlefield 4*. En la segunda tienda, donde pase el resto de la actividad, el tema de la actividad estuvo vinculado con juego de *Assassins Creed IV*.

Conversé con el gerente de la tienda y me indicó que durante el día habían pasado 75 personas a pagar por los juegos que estrenaron. Esperaba que asistieran a la actividad unas 100 personas. En la actividad hubo refrigerios, como por ejemplo refresco *Coca-Cola* y *popcorn* (palomitas de maíz). Habían anunciado una actividad de concurso de *cosplayers* (o *costume players*, personas que se visten de personajes de videojuegos, *anime* o películas, entre otros) pero solamente participaron tres personas. Una persona fue vestida de soldado, una persona fue vestida de pirata, al estilo de Jack Sparrow de la serie *Pirates of the Caribbean*, y la tercera persona, la que ganó, fue vestida como un personaje de *Assassins Creed*. Durante la primera hora de la actividad, hubo trivias sobre el juego de *Assassins Creed*, para regalar premios a aquellas personas que contestaran correctamente.

Durante la primera hora, de 10 a 11pm, había en la tienda alrededor 50 personas. Mientras se aproximaba la hora de las 12am, más personas fueron llegando. Al final de la noche cuando repartieron el juego, había alrededor de 100 personas en la tienda. La mayoría de las personas presentes eran hombres jóvenes entre los 18-25 años. Había también algunos hombres alrededor de los 30 años y algunas mujeres en la tienda. Una de las personas, un hombre de unos 30 años, comentó que por qué no hacían estas entregas un poco más temprano para que se pudieran jugar los juegos ya que él tiene que trabajar el día siguiente y no va a poder jugar mucho tiempo. Una vez se repartieron los juegos, la gente se marchó el lugar. A las 12:07am, ya no quedaba casi nadie la tienda.

La tercera venta de medianoche que se observó fue para el estreno del videojuego *Call of Duty: Ghosts*. La misma se llevo a cabo en el GameStop de Plaza Escorial en Carolina entre las 10:00pm y las 12:10am del día siguiente. Participaron del evento un total aproximado de 120 personas. El evento fue similar a los otros a los que había asistido anteriormente. Sin embargo el público fue más heterogéneo. Aunque era predominantemente masculino, había una gran diversidad de personas como por ejemplo mujeres, niños y personas mayores.

El evento comenzó las 10 de la noche y ya para la 10:30pm algunas personas estaban comentando que estaba vacío. Se comentaba que podría ser por dos razones, o porque el juego va a salir solo en *PlayStation 4*, el cual no muchas personas habían adquirido hasta ese momento, o porque sale uno de estos juegos todos los años. A las 10:30pm había alrededor de 50 personas presentes, pero al final de la noche había alrededor de 120.

En este evento no hubo regalos por contestar las trivias. Sin embargo, había un camión fuera de la tienda con videojuegos para que las personas jugaran. También había tres consolas de *PlayStation 4* en la actividad. Una de ellas tenía el juego nuevo y se permitía los participantes jugar el juego. Le dije a una de las personas que podía jugar y me contestó que prefería llegar a su casa para "curarse".

Las interacciones entre las personas tenían que ver con estrategias de juego y con los juegos anteriores de la serie de *Call of Duty*. Aunque el juego era nuevo, la mayoría de los jugadores demostraban gran habilidad para jugarlo. Esto es cónsono con el comentario de que este tipo de juego sale todos los años y aparentemente es el mismo con algunas variantes. En este evento parece que muchas de las personas se conocían. Había varios grupos de personas, y algunos optaron por sentarse en el piso. Hubo refrigerios como en otras actividades. No hubo *cosplayers* (personas vestidas como personajes de videojuegos o series de anime), pero las personas que estaban trabajando en el camión de videojuegos estaban vestidas de soldados, ya que *Call of Duty* es un juego de disparo en primera persona el cual tiene lugar en espacios bélicos. Una de las personas presentes comento que se iba a llevar tres copias, una para él, una para su novia y una para un amigo. Al igual que en otros eventos la actividad culminó una vez entregaron los juegos.

El segundo escenario seleccionado para realizar las observaciones etnográficas fueron los torneos y exhibiciones de videojuegos. Como mencionamos en el stage anterior se seleccionaron los eventos *He'll-O-Ween Tournament* (20 de octubre de 2013), *Challenge Accepted* (27 de octubre 2013), *First Attack!* (3 de noviembre 2013) y *Arcadia* (9 de noviembre de 2013). Se añadió en el proceso *Best Battles Fighting Games Exhibition* (30 de octubre de 2013), actividad organizada como una forma de darle promoción al torneo de *First Attack!*

El *He'll-O-Ween Tournament*, el cual fue una combinación

entre torneo de videojuegos y torneo de cartas de *Yu-Gi-Oh!*, fue coordinado por el grupo *Gamers Gang* y se llevo a cabo en un centro comunal en el pueblo de Cayey. Llegué a la actividad a las 10:40am y me fui a las 2:40pm. La entrada costó dos dólares sólo para entrar, más cinco dólares por inscripción a cada juego. En la entrada me encontré con Olivero, a quién ya había contactado a través de la red social *Facebook*. Olivero me comentó que decidió fundar el grupo *Gamers Gang* porque en Cayey no había nada que hacer. Fue al municipio a buscar apoyo y le dijeron que no podía utilizar facilidades del municipio porque los juegos eran violentos. Así que decidió alquilar el centro comunal. El centro comunal es viejo y tiene problemas con el sistema eléctrico lo que presenta retos para este tipo de actividad.

El primer torneo que hicieron fue el 28 del mes de abril de 2013 y reunió a 250 personas. El evento se llamó *Gamers Revelation Tournament*. En el torneo *Hell-O-Ween*, el 20 de octubre de 2013, reunió alrededor de 30 personas para jugar videojuegos y alrededor de 15 para jugar con cartas *Yu-Gi-Oh!*. En el torneo, cada juego tiene un *coach* o encargado y los *coaches* o encargados también juegan. El grupo de *Gamers Gang* tiene 7 miembros más el encargado de correr el juego de *Yu-Gi-Oh!*. En el torneo hay premios en efectivo que salen de las inscripciones. Me indicó Olivero que lo recaudado en la venta de la cafetería se usa para comprar más equipo con el propósito de continuar mejorando los torneos. Se usan pulseras de varios colores (azul, violeta, verde o rosado) para diferenciar qué juegos jugara cada persona. Hubo participantes con varias pulseras de papel, lo que significa que jugarían en más de un juego. Algún participante se quejó de qué fuera color rosado, significando que era para féminas. Sin embargo, el uso de personajes femeninos en los juegos fue consistente. Es decir, muchos de los participantes usaban avatares femeninos del juego, como por ejemplo *She Hulk* y

Morrigan, al jugar *Marvel vs Capcom 3.*

En la actividad pude conversar con Ángel She Hulk, quien es una persona que frecuenta este tipo de eventos. Le llaman Ángel She Hulk porque siempre usa el personaje de *She Hulk* en el juego *Marvel vs Capcom 3.* Este informante me indicó que los controles que usaban los jugadores, también conocidos como palancas (control tipo arcade que usan en los juegos *Marvel vs. Capcom 3* y *Street Fighter IV*), mejoran la experiencia de juego. Las palancas no son los controles que incluyen las consolas al comprarlas, y tienen un costo cercano a los 100 dólares. Ángel She Hulk me recomendó que para la primera vez que fuera a usar una palanca lo mejor es comprar una usada que invertir dinero en una nueva. El había comprado una a un amigo suyo en 60 dólares para ir practicando para luego comprarse uno que pudiera usar tanto en *PlayStation* como en *Xbox*. Ángel She Hulk me recomendó que siguiera en *Facebook* la página *Fighting Game Community PR* para mantenerme al tanto de las competencias, particularmente aquellas de *Marvel vs Capcom 3.*

La interacción con las personas durante el torneo fue muy buena. Son amables, les gusta conversar y contestan preguntas de buena forma. Se siente un ambiente de camaradería ya que muchos se conocen de torneos pasados. Por ejemplo, Angel She Hulk me comento que él y sus amigos se reúnen regularmente en casa de uno de ellos para jugar y me invito a la casa, así como a un torneo que habría ese mismo día llamado *Bar Fights,* el cual se llevaría a cabo en un negocio (barra) en el pueblo de Caguas. De igual forma, otro de los participantes me comentó que hacía algún tiempo que no asistía a los torneos y me explicó cómo funcionaba el proceso de los juegos. Me indicó que siempre hay un encargado de las competencias por mesa para mantener la organización, saber a quién le toca jugar luego y es quien certifica quien gana. Algunos juegan juntos de forma regular y las conversaciones que sostienen entre ellos giran alrededor de estrategias de juego, el uso de los controles y alguno que otro comentario sobre la forma de jugar de los que participan del torneo. Nunca es de forma ofensiva pero si hay en ciertos momentos un tono de burla típico de los adolescentes o jóvenes. Por ejemplo, hacían comentarios al jugador que estaba perdiendo diciéndole que no sabía jugar, o que iba a perder y que se quitara, desde antes de que terminara la partida. La mayoría de los presentes estaban entre las edades al final de los 18 y 19 años y principios de los 20. Olivero parece estar en los 30. Había en la actividad cuatro niños con sus padres, así como cuatro féminas, todas acompañando a sus parejas o amistades. No había ninguna jugando en el torneo.

En el centro comunal había cuatro televisores, dos de Olivero y dos de otro de los miembros de *Gamers Gang*, en donde se conectaban cuatro consolas de *PlayStation 3*. Había también dos televisores más viejos para jugar *Wii*. Había también en la entrada del centro comunal una guagua con cinco televisores, dos para *PlayStation*, dos para *Xbox* y una para *Wii*. La guagua era de la compañía *Jumping City*, quienes se dedican al entretenimiento de niños.

El segundo torneo al que asistí fue el *Challenge Accepted*, celebrado el domingo 27 de octubre de 2013 en la Hacienda Sabanera en Cidra. Llegué a la actividad a las 11:00am y estuve en ella hasta las 4:00pm y la entrada costó seis dólares. La actividad era el torneo oficial de un evento mayor denominado como *Central Fan Fest*. Este grupo realiza actividades para *cosplayers*. El día de la actividad los vestuarios predominantes fueron de personajes de la película *Star Wars*, superhéroes y personajes de anime.

Había un área designada para el torneo. En el lugar había seis televisores. Dos consolas de *PlayStation*, una de *Xbox*, y una de *Wii*. También había una consola *Ouya* la cual servía como un emulador para jugar juegos de Nintendo de los 80.

No hubo mucha participación en el torneo. En un momento determinado, casi a mitad de la actividad, conté sólo 18 jugadores en el área de juego. Este fue el momento de mayor participación en el torneo.

El evento tenía también como propósito ayudar al Centro Margarita, el cual ofrece servicios a niños con deficiencias en el desarrollo entre las edades de cero a cinco años. Había rifas y ventas de chocolates para ayudar el centro. También hubo premios para los mejores *cosplayers*. Estaban en la actividad representantes de varias comunidades de juegos, como por ejemplo *YetAnother Platinum, PR Gamer, Mi Gameroom, Fan Boy* y las *Chikas Gamers*. Este es fue primer evento en el que se juntan todas estas comunidades para coordinar el mismo.

Del grupo *YetAnother Platinum* estaba William "Wimaya" Sánchez, quien me fue a saludar tan pronto me vio y me pregunto si yo era Alexis. Wimaya y yo nos habíamos comunicado por *Facebook* desde el 29 de septiembre de 2013. Wimaya me contó que fundó la página de *YetAnother Platinum* en el mes de noviembre de 2011. En su grupo son ocho personas pero cuatro realmente son las más que contribuyen. Se dedican a compartir información sobre juegos, a hacer columnas relacionadas con los juegos, y a organizar actividades. Wimaya me indicó que el cubre los gastos operacionales del grupo junto a los otros miembros. El es ingeniero en computadoras para una compañía privada de artículos médicos, está casado y tiene una niña pequeña. Wimaya realiza estas actividades no porque le dejen dinero sino porque le divierte y le gusta compartir información sobre los juegos. El trabaja de ocho a cinco de lunes a viernes y realiza las actividades de la página en las tardes. Me indicó que su disfraz es aquel que se pone cuando va al trabajo y que su verdadera identidad es la que está vinculada a los juegos.

De la página *El Fan Boy* hablé con Berti. El *Fan Boy* es sólo Berti y se dedica a informar sobre el mundo los videojuegos.

Los televisores del torneo y el equipo eran de él. Forma parte de los medios, es decir tiene acceso a ciertas actividades porque su función es reportar. Le dan acceso a los juegos antes de que salga a la venta y asistió al *E3* (*Electronic Entertainment Expo*) del 2013. Me indicó que este tipo de evento sólo pueden acceder los desarrolladores, los medios, y los miembros del equipo. Trabaja de lunes a viernes como la persona encargada de comprar equipo en una compañía. Está casado y tiene una niña de cinco años. Comenzó con su página el 23 de diciembre de 2011. Participa, junto a Heriberto de *Mi GameRoom*, de un programa de radio sobre videojuegos que comenzó a transmitirse el viernes 26 de octubre de 2013 en la emisora, 101.3 FM. El programa tiene una duración de media hora y es sólo sobre videojuegos.

Conversamos de varios aspectos de los juegos particularmente sobre la importancia de la historia para que el juego sea uno bueno. Berti comentaba que ser *nerd* (persona que tiene interés en las ciencias, la matemática, la historia y la informática así como también le interesan los videojuegos, los comics, y la ciencia ficción) "ahora era algo cool". Que entiende que en el pasado había una percepción de que los *Gamers* eran gente que estaba aislada en su casa pero ahora la visión había cambiado. Como ahora es cool ser un geek, pues entonces había habido una gran exposición y un gran crecimiento de las actividades para los *Gamers* y para los *cosplayers*.

En esta actividad también conocí a Mark Nieves de *PR Gamer* quien lleva cuatro años con su página. Estudió mercadeo, trabajó en *GameStop*, y ahora trabaja en Auto Expreso en la sección de servicio al cliente desde su hogar. Mark Nieves entiende que la comunidad de jugadores está en crecimiento en Puerto Rico. Sin embargo, añade que los videojugadores no están en la misma línea de los *cosplayers*. Es decir, que son dos comunidades distintas y los eventos deben ir dirigidos a esas comunidades. Si se elige la actividad hacia un público de *cosplayers* los que van a venir van a ser siempre jóvenes y tal vez gamers de más edad preferirían no asistir. Según él, esto sería diferente si la actividad estuviera dirigido a los gamers. Mark coordina eventos en las tiendas *GameStop* de Bayamón y Manatí. Su grupo cuenta con alrededor de seis miembros. Mark Nieves piensa que a pesar de que los eventos son en beneficios de las tiendas *GameStop*, las mismas no apoyan los esfuerzos que se realizan. Estos son más bien el trabajo de cada gerente de las tiendas.

La página de Mark Nieves tiene alrededor de cinco mil miembros pero entiende que eso no es lo importante. Lo importante para él es poder unir a las comunidades. Piensa también que no sirve que cada cual esté realizando esfuerzos individuales en cada grupo y que deberían unirse para que sean más efectivos. Añade que para eso habría que mejorar la comunicación entre los diferentes grupos. Sostiene que el trabajo que se realizó para este evento fue bien bueno porque logró agrupar cinco comunidades de videojuegos. El quiere organizar actividades para la comunidad y que las páginas no sean solo para compartir información sobre juegos. Él no asiste a muchas actividades de videojuegos o torneos porque son los fines de semana y ese tiempo lo dedica a su familia.

Un momento significativo de la actividad fue cuando cada uno de los miembros de los distintos grupos contribuyó con dinero para pagar el espacio separado. No se logró recuperar dinero con el torneo así que dividieron los gastos entre todos los miembros de las distintas comunidades. El ambiente general es de camaradería y no tienen problema en contestar preguntas sobre los videojuegos o sobre sus trabajos en las páginas de la comunidad. En este torneo fue evidente lo importante de las redes sociales en el proceso de realizar observaciones etnográficas. Facebook agiliza el trabajo etnográfico porque permite conocer las personas antes de llegar al lugar.

El tercer evento al que asistí fue una exhibición que formaba parte de la promoción al torneo de *First Attack!*, el cual se celebró el fin de semana, del 2 y 3 de noviembre de 2013. La exhibición llamada *Best Battles Fighting Games Exhibition* tuvo lugar en la tienda *Best Buy* en el centro comercial *Plaza Las Américas* el 30 de octubre de 2013. Estuve en la actividad entre las 7:05pm y las 8:50pm. La actividad se caracterizó por una serie de exhibiciones de los jugadores profesionales Justin Wong, NY Chris G y Sherry Jenix, quienes jugaban con jugadores locales y entre ellos. El trato que reciben estos jugadores de parte de los jugadores locales es un trato casi como si fueran celebridades. Se toman fotos con ellos, los aplauden cuando juegan, les toman fotos mientras están jugando y les piden que firmes sus palancas (controles).

Había en la actividad alrededor de 60 personas. El grupo estaba compuesto predominantemente por hombres casi en su totalidad. Las edades de este grupo son mayores de aquellos jugadores que van a las ventas de medianoche. Sus edades estaban entre los 25 y los 35 años. Vi en la actividad a varias personas que había visto en el torneo de Cayey el día 20 de octubre. Una de las personas comentó que todos los participantes habían llevado palancas, en lugar de los controles típicos de las consolas. Los juegos que se jugaron en la actividad fueron los juegos de pelea *Marvel vs. Capcom 3* y *Street Fighter 4*.

El cuarto evento que observé fue el *First Attack!* el día 3 de noviembre de 2013 en el pueblo de Toa Alta. Llegué a la actividad a la 1:45pm y estuve en ella hasta las 4:35pm. El evento se celebró en un salón de actividades llamado *El Guarimary*. La entrada originalmente iba a costar 25 dólares pero hicieron un cambio durante el día y el costo fue de 15 dólares. El primer día del evento la entrada era de 25 dólares. En el lugar había 16 monitores de televisión con 16 consolas, cuatro *PlayStation 3*, 2 *Wii*, y 10 *Xbox 360*. Se jugaron en el torneo los siguientes juegos: *Marvel vs. Capcom 3*, Street Fighter IV, *Súper Mario Smash Brothers, Injustice* y *Tekken*. Durante la primera hora había alrededor de 50 personas, pero luego subió el número a unas 80. Había pautada una rifa en la cual iban a regalar varios artículos, entre ellos consolas de *Xbox* y *PlayStation*, juegos, y un televisor de 39 pulgadas.

El salón estaba dividido en cinco áreas, cada una con sus respectivos juegos. Usando proyectores digitales presentaban en dos paredes los juegos de *Street Fighter IV* y el de *Super Smash Brothers*. Durante los juegos, la gente aplaudía y animaba a los jugadores. De las 80 personas que había en el lugar solamente había dos mujeres y los demás eran hombres. Las dos mujeres aparentaban estar acompañando a alguien. Casi todos los hombres aparentaban tener entre 20-25 años. Algunos de ellos se sentaron en sillas a ver el juego de *Super Mario Smash Brothers,* y mientras lo hacían jugaban con sus *Nintendo DS*. No hubo *cosplayers* en esta actividad.

Conversé con Ricardo Román Ithier, alias Mono, uno de los organizadores del evento. Me indicó que este evento había sido organizado por varios grupos, y habían participado en la organización alrededor de 20 personas. Me informó que coordina torneos desde el 2005. Comenzó en Mayagüez donde vivía, porque aunque había una comunidad de jugadores no había quien organizara los torneos. Como también es jugador y le gustaban los torneos, comenzó a organizarlos él. Mono ha realizado torneos por toda la isla. Comenta que con cada torneo ha ido aprendiendo qué debe y no debe hacer. Mono también tiene otro trabajo, ya que según me indicó nadie vive de estas actividades en Puerto Rico ni fuera de Puerto Rico. Quien hace estas actividades las hace porque les gusta. En el 2007 comenzaron a enviar jugadores a los torneos en Estados Unidos. Desde el 2011 en vez de enviar jugadores a Estados Unidos, comenzaron a traer jugadores para motivar a los jugadores locales a asistir a los eventos y a competir. Mono ha viajado a

Estados Unidos, pagando el mismo sus gastos, particularmente para hacer contacto con jugadores. De esta forma consigue que los jugadores vengan a Puerto Rico a participar en sus torneos, pues piensa que si uno no viaja no puede realizar los contactos adecuados. Me contó que Chris G, quien estuvo en *Best Battle* en *Best Buy*, estaba de vacaciones en Puerto Rico y se enteró que iban a realizar el evento. Se dio cita allí para participar de la exhibición. Este es, para Mono, un ejemplo de lo importante que es establecer contacto con jugadores profesionales.

Sobre los torneos, Mono piensa que no es solamente poner los juegos y hacer correr el torneo. Hay que estar bien consciente de cuáles son las reglas. Esta es la visión de un jugador más profesional, aquellos que participan en ligas en las cuales los jugadores cuentan con algún tipo de clasificación. El también juega, y en el torneo se sentó varias veces a jugar. Este año realizó dos eventos uno en junio y uno en noviembre. Piensa que dos torneos al año es suficiente. De esta forma los jugadores tienen tiempo de buscar o recuperar su dinero. La mayoría de las consolas y los televisores eran de él y el resto de los otros organizadores. Este evento contaba con varios patrocinadores, entre ellos *Best Buy* y *Coca-Cola*. Hablé también con Ramón, alias Shinobi. Me indicó que prefiere los juegos de disparo en primera persona, *shooters*, pero que está participando de esta actividad porque en el área metro, particularmente en el norte, se da más este tipo de evento de juegos de pelea. Me comentó que en los pueblos de el centro de la isla se dan más los eventos de disparo en primera persona pero como no tiene transportación no puede acudir a los mismos.

Como dato adicional, en este evento comencé a sentir el punto de saturación, el cual se plantea en las teorías etnográficas y que significa que llega un momento en que los discursos y comportamientos de los participantes se vuelven recurrentes y la información obtenida empieza a ser repetitiva.

A partir de este momento, se tiene suficiente información para comenzar a llegar a algunas conclusiones sobre el campo observado. También me percaté que todos estos juegos son de pelea, es decir, que el sentido agonal es un elemento de suma importancia en este tipo de eventos. Esto se puede diferenciar de otros juegos que se juegan en la casa o que pertenecen a otro tipo de juegos, como por ejemplo juegos de acción-aventura, role playing games (RPG), etcétera.

El último evento al que acudí fue al *Arcadia*, celebrado en el Coliseo Rubén Rodríguez de Bayamón el 9 de noviembre de 2013. La entrada tuvo un costo de 40 dólares, debido a que era un paquete especial que incluía además de la entrada para dos días, una camisa y un boleto dorado conmemorativo del evento. Llegue a la actividad a las 12:00pm y me fui a las 3:00pm. A diferencia de los otros eventos, este se celebró en un espacio mucho más grande. Había varios patrocinadores, y cada uno de ellos tenía televisores y varios juegos. El primer piso consistía en una exhibición de juegos. Me recordó mucho a lo que se hacia en años anteriores con el *Gaming Xplosion Fest*. En el segundo piso se llevaban a cabo las competencias. Había más de 50 consolas. Había consolas regulares y había otras que parecían que eran como un tipo maleta donde estaba la consola y un monitor. En el segundo piso había juegos de deportes, y de *Call of Duty*. En el primer piso estaban los juegos de pelea (*Marvel vs Capcom 3, Street Fighter IV*)

Pregunté a uno de los organizadores cuantas personas habían asistido al evento y me dijo que había pasado la marca de 5 mil personas. El ambiente era más familiar que los anteriores, había muchos padres con sus hijos. Incluso había madres que estaban bailando con sus hijos un juego de baile. El lugar estaba bastante concurrido, incluso para estacionarse hubo problemas porque estaba casi todo el estacionamiento lleno. Se presentaron durante la actividad videojuegos realizados por desarrolladores locales. Había varios premios para los participantes, particularmente porque había muchos auspiciadores en la actividad.

Análisis de las observaciones etnográficas

Como mencionamos en el apartado anterior, las observaciones etnográficas se llevaron a cabo en dos tipos de escenarios, las ventas de medianoche y los torneos o exhibiciones de videojuegos. Las observaciones realizadas en las ventas de medianoche se analizaron de forma grupal debido a las similitudes observadas en este tipo de escenario. Las observaciones realizadas en los escenarios de los torneos o exhibiciones fueron analizadas de forma individual ya que cada uno de los escenarios proveyó información variada, la cual nos permitió alcanzar una mayor comprensión de nuestro objeto de estudio. Esta división de las formas de análisis etnográfico la hacemos siguiendo el trabajo de Boellstorff, Nardi Pearce & Taylor. (2012)

Según estos autores, el primer paso en el proceso de análisis de la información recopilada en una investigación etnográfica es sistematizar la información. Esto es, llevar a cabo un proceso que incluye una forma de etiquetaje de temas, tales como género, conflictos, experiencias de aprendizaje, entre otros. El segundo paso que recomiendan es buscar temas que se repiten. En esta parte del proceso se buscan patrones, momentos importantes observados, momentos en que un fenómeno resuena en la comunidad de forma significativa. A continuación, presentamos cómo se aplicaron los pasos antes presentados en el proceso de recopilar información en los dos escenarios seleccionados para nuestro trabajo.

En el primer tipo de escenarios seleccionados, la información provista en las observaciones no ofreció gran variedad. Por esta razón hicimos un análisis general de estos eventos, en esto consistirá la sistematización de la información obtenida en las ventas de medianoche. En la agrupación de todas las observaciones realizadas en las distintas ventas de medianoche a las que asistimos para hacer un análisis general de este tipo de eventos.

Las ventas de medianoche a las que asistimos fue a los estrenos de los videojuegos *Grand Theft Auto V* (17 septiembre 2013), *Assassins Creed IV* y *Battlefield 4* (28 de octubre de 2013) y *Call of Duty: Ghosts* (4 de noviembre de 2013). La dinámica de las ventas de medianoche en cada uno de estos eventos fue similar en todas las tiendas visitadas. Los eventos transcurrían de la siguiente manera: las personas llegaban a la tienda, en la que habían separado su juego, alrededor de las 10:00pm y se marchaban del lugar una vez recibían su juego a las 12:00am. Durante las casi dos horas que duró cada una de estas actividades pude observar varias cosas, las cuales agrupo en los siguientes temas.

Fueron varios los temas que se repitieron en todos los escenarios de las ventas de medianoche. Uno de los temas que más se destacó en las observaciones realizadas en este tipo de escenarios fueron las interacciones entre las personas. Las personas fueron solas o con su propio grupo de amistades y las interacciones quedaron circunscritas a sus grupos, limitándose así la posibilidad de interactuar con nuevas personas. Es decir, las interacciones entre personas que no se conocían antes de llegar a la actividad fueron mínimas. Las interacciones, cuando las hubo, fueron de dos tipos: ya sea para discutir estrategias de juego, ya que muchos de los juegos eran secuelas, o para hacer críticas sobre la rapidez con la que salen dichas secuelas. Por ejemplo, en la venta de medianoche del videojuego *Call of Duty: Ghosts*, el comentario más frecuente durante la noche sobre el juego es que de esta serie sale un juego todos los años y estos no varían mucho entre sí, así que no hay una gran expectativa con el nuevo juego. Esto puede ser un factor en la reducción de participantes en la noche de estreno.

En síntesis, sobre los procesos de interacción social en este tipo de escenarios podemos concluir que la finalidad de las ventas de medianoche no es que las personas puedan relacionarse y establecer vínculos con otras personas sino simplemente adquirir el juego y jugar el mismo antes que las demás personas. Jugar el juego el día de su estreno da la oportunidad a los/as jugadores/as de reseñar el juego y ofrecer una opinión en las redes sociales sobre el mismo, incluyendo recomendaciones sobre si vale la pena comprar y jugar el juego. En este sentido, los videojuegos promueven diversas formas de interacción, las cuales no solo incluyen encuentros cara a cara sino también encuentros a partir del consumo de la experiencia de juegode otras personas. Por ejemplo, algunas personas suben videos a YouTube o a Twitch compartiendo su experiencia con el juego incluyendo comentarios de forma simultánea al momento de jugar. Esto es lo que Pearce (2009) denomina como Juego Productivo, es decir aquellas actividades creativas que extienden y trascienden la experiencia de jugar el juego.

El uso de otros medios de comunicación en los que se discuten y comparten estrategias de juego no es un asunto novel. Según Kent (2001), a finales de la década de los años 80, Nintendo distribuía un boletín cada cuatro meses llamado *Nintendo Fan Club News* el cual evolucionó en la revista *Nintendo Power*. En tiempos recientes, la publicación por excelencia sobre el mundo de los videojuegos, tanto en su formato digital como en su formato impreso, es la revista *Game Informer*. Es posible argumentar que estas revistas, así como los videos en YouTube, los Podcast, las páginas en Facebook sobre videojuegos y los programas de radio cumplen un mismo fin: contribuir en el proceso de socialización, introduciendo a los/as nuevos/as usuarios/as en el mundo de los videojuegos, así como también actualizando la información sobre nuevos juegos y las estrategias para jugarlos, a aquellas personas que ya interactúan con los videojuegos.

Esta interconexión de los videojuegos con otros medios de comunicación nos hace plantearnos la pregunta sobre si los videojuegos son un fenómeno transmedia. Siguiendo a Scolari (2013), cuando hablamos de transmedia, particularmente de narrativas transmedia, nos referimos a "una particular forma narrativa que se expande a través de diferentes sistemas de significación (verbal, icónico, audiovisual, interactivo, etc.) y medios (cine, cómic, televisión, videojuegos, teatro, etc.)." (p.24). Las narrativas transmedia no implican la adaptación de una narrativa de un medio a otro, sino el desarrollo de una narrativa que abarca diferentes medios y lenguajes.

A partir de esto, podemos argumentar que cuando una persona juega un juego y se graba, y luego comparte ese contenido a través de Twitch o YouTube y lo comparte en su página sobre videojuegos en Facebook, comparte un relato (su experiencia interactiva con el videojuegos) a través de múltiples medios, construyendo en el proceso múltiples experiencias con un juego mediada por diversos medios de comunicación, cada uno con sus respectivos lenguajes. De esta forma, se da un proceso en el que la experiencia de jugar videojuegos se convierte en una compleja al extender la misma mas allá de la consola o la computadora, expandiéndola a otros medios interactivos.

Otro de los temas identificados en los escenarios de las ventas de medianoche estuvo relacionado con el entretenimiento que proveían las tiendas durante el periodo de espera para adquirir el juego. El entretenimiento que proporcionaron las tiendas donde tuvieron lugar los eventos fue casi idéntico en todas las actividades. Hubo en casi todos los casos uno o dos animadores que hacían preguntas a las personas presentes sobre los juegos y si estas contestaban adecuadamente, los animadores recompensaban a los participantes con algún tipo de afiche o camisa relacionada con el juego que estaba a la venta. Este tipo de actividades son coordinadas por los/as propios/as gerentes de las tiendas, así que son hechas a discreción del personal gerencial, por lo que no todas las tiendas llevan a cabo este tipo de evento. Un tercer tema que pude identificar en este tipo de escenario fue la edad de los participantes. La edad de las personas fue variada, desde niños pequeños con sus padres hasta adultos entre los 30 y 40 años, casi todos hombres adultos, adolescentes y niños. Las mujeres, adolescentes y niñas que estuvieron presentes en la actividad era evidente que estaban acompañando a sus parejas o a sus hijos. Esto se deduce de su actitud observada durante el evento. No parecían prestar demasiada atención a las trivias u otras actividades relacionadas con los juegos, y solo en casos excepcionales observé que llevaban algún juego. Sobre el tema del género ofrecemos otros ejemplos más adelante cuando presentemos los análisis de la encuesta en línea, la cual reflejó resultados similares a los datos obtenidos en las observaciones etnográficas.

Sin embargo, es importante señalar que autoras como Kerr (2003) y Taylor (2003) han examinado en sus trabajos investigativos algunas formas en que las mujeres se relacionan con los videojuegos. Kerr, a partir de un análisis de las estrategias de mercadeo en la industria de los videojuegos, concluyó que las mujeres videojugadoras han sido ampliamente ignoradas tanto por la comunidad de videojugadores así como por los productores de videojuegos. Taylor, por otro lado, a partir de sus investigaciones con comunidades virtuales de videojuegos, plantea que las mujeres son tan competitivas como los hombres, interesándose por su posición y progreso en el juego, el reconocimiento por parte de otros jugadores de sus destrezas al jugar, así como sus habilidades de combate. En este sentido, las mujeres, al igual que los hombres, buscan juegos que ofrezcan la oportunidad de ser sujetos dominantes, lo que refutaría los argumentos que plantean que las mujeres prefieren juegos para socializar en lugar de juegos en que existe un alto nivel de competencia.

En el segundo escenario al que acudimos a realizar observaciones, las dinámicas entre los/as participantes fueron diferentes. Estos escenarios se caracterizaron por propiciar un sentido de pertenencia, comodidad y aceptación social. A diferencia de las observaciones realizadas en las ventas de medianoche, las cuales fueron de carácter ético (datos que se obtienen mediante observación directa), las observaciones que se hicieron en los torneos y exhibiciones fueron de carácter émico (información provista por los participantes internos la cual nos permite entender como estos dan sentido a su mundo), particularmente porque hubo mayor oportunidad de interactuar con los/as participantes.

Por ejemplo, en el evento *Hell-O-Ween 2013*, las conversaciones que sostuve con las personas ocurrieron de forma espontánea. Había, por parte de los participantes en la actividad un reconocimiento de que estar en el lugar significaba compartir algo en común. Este reconocimiento permitió que se dieran experiencias de intercambio, cooperación y socialización. Por ejemplo, al no conocer sobre un asunto particular, podía preguntar a cualquiera de los participantes y estos, de forma muy accesible, procedían a explicar y clarificar mis dudas. Hubo personas que compartieron consejos sobre los juegos, que tipo de control o palanca (*arcade stick*) comprar, quiénes eran los mejores jugadores de los juegos en Puerto Rico y en Estados Unidos, entre otras cosas.

El nivel de aceptación que experimenté, en el sentido de hacerme sentir como parte del grupo, fue casi instantáneo, al punto de recibir invitaciones para ir a otras actividades que se llevarían a cabo ese mismo día. Incluso, recibí invitaciones de ir a jugar a residencias privadas. Considero que estas dinámicas son relevantes en el proceso de analizar y comprender las formas en que se integran nuevos miembros a un grupo. Entiendo que la disponibilidad y apertura que los participantes demuestran en este tipo de escenarios contribuye a crear en la persona que visita uno de estos escenarios por primera vez un sentido de pertenencia, de comodidad y de aceptación social. Como mencionamos en el primer stage, siguiendo a Maffesoli, (2004), podemos proponer entonces que los/as videojugadores/as pueden considerarse como una tribu contemporánea ya que ofrecen a sus miembros un sentimiento de pertenencia, entendiéndose este concepto como el reconocimiento por parte de las personas que forman parte del grupo hacia una persona que recién llega al grupo, Este reconocimiento permite que la persona que recién se integra pueda relacionarse con los miembros del grupo, posibilitándose en el proceso el surgimiento de formas de solidaridad entre los miembros del grupo. Lo importante de las tribus, según Maffesoli, (2004), es que ofrece a los miembros que la componen un reconocimiento de ser parte de una subcultura particular.

En síntesis, la importancia del *Hell-O-Ween 2013* radicó en que este pretendía crear un espacio para los/as videojugadores/as que viven en un pueblo en el que las actividades para las personas jóvenes son pocas. Los miembros de la comunidad de *Gamers Gang*, organizadores del *Hell-O-Ween 2013*, entienden que el jugar videojuegos es una práctica importante para los jóvenes y reconocen que crear este tipo de espacio les permite a estos interactuar y compartir entre ellos ya que, como señalamos siguiendo a Mäyrä (2010), las personas que tienen contactos con videojuegos comparten prácticas, valores e intereses en común y forman, a partir de sus interacciones, un grupo distintivo al interior del contexto cultural más amplio. Al interior de esta subcultura, sus miembros comparten un lenguaje en común, prácticas y artefactos (tales como *arcade sticks* o *headsets*) relacionados con los videojuegos. Este último planteamiento refuerza la idea planteada anteriormente de concebir este espacio social como una tribu contemporánea.

En el segundo escenario observado en la categoría de torneo fue el *Challenge Accepted*, el cual formaba parte del evento *Central Fan Fest 2013*, fue la primera vez que comprendí la importancia del uso de las redes sociales, particularmente Facebook, como parte del trabajo investigativo etnográfico. Como expone Figueroa Sarriera (2014) en su revisión de literatura en torno a las redes sociales, las actividades que más se generan en las redes sociales, particularmente en Facebook son: 1) mantener lazos sociales, 2) los usuarios de Facebook son más confiados que otros, 3) tienen más relaciones cercanas, 4) obtienen más apoyo social, 5) están más vinculados políticamente y 6) y es la red social más utilizada para revivir relaciones "dormidas". Con relación a los videojuegos podemos añadir que Facebook les permite a las personas crear páginas alrededor de la temática de los videojuegos. Esto a su vez les posibilita compartir información y obtener el apoyo social de otras personas, así como la creación de lazos sociales que en muchas ocasiones se convierten en relaciones cercanas que trascienden la relación establecida a través de la red social.

Las primeras interacciones que tuve con personas pertenecientes al grupo de *YetAnotherPlatinum* y con uno de los organizadores del *Challenge Accepted*, fueron a través de Facebook. De esta forma, cuando llegué a la actividad uno de los participantes me reconoció y comenzamos a conversar. Esto facilitó mi entrada al escenario ya que el participante con el que había conversado en Facebook me presentó a los miembros de las otras comunidades presentes. Esta fue la primera vez que escuché el uso del término comunidad para referirse a los diferentes grupos de videojugadores/as. Por ejemplo, el *Hell-O-Ween 2013* fue organizado por una sola comunidad, *Gamers Gang*, el

Challenge Accepted contó con la colaboración de cuatro comunidades distintas: *YetAnotherPlatinum, MiGameroom, Las Chikas Gamers y Fan Boy.*

Como nos señalan Figueroa & González (En proceso), el concepto de comunidad es un concepto complejo que remite a múltiples significados. Para Krause (2002) el concepto de comunidad ha estado fuertemente ligado a la noción de territorio. Por esta razón propone redefinir el concepto de comunidad para omitir los referentes territoriales como una característica principal, redefiniendo el concepto comunidad como una pluralidad de individuos que se congregan en torno a una estructura normativa y valorativa y que comparten algunos modelos de conducta, formando en el proceso una serie de grupos más o menos extensos. Esta definición de comunidad es compatible, según Figueroa & González (En proceso), con nuevas modalidades de asociación, como por ejemplo las denominadas comunidades virtuales.

Siguiendo el trabajo de Erickson (1997), Egenfeldt-Nielsen, Heide Smith & Pajares Tosca (2013), plantean que la mayoría de las comunidades de videojugadores/as pertenecen a la categoría de comunidades virtuales. Sin embargo, reconocen estos autores que existen espacios de interacción social en los que las personas se reúnen para jugar cara a cara, como por ejemplo los torneos y convenciones. La importancia de estos espacios cara a cara podría plantearse de dos formas. En primer lugar, siguiendo a London (2007), estos encuentros podrían ampliar la sensación de comunidad en las ya existentes comunidades virtuales de videojuegos. En segundo lugar, estos espacios físicos de interacción cara a cara podrían contribuir a que ciertas personas se reúnan o agrupen alrededor de los videojuegos y dicha interacción se traslade luego a un espacio virtual.

En síntesis, siguiendo a Egenfeldt-Nielsen, Heide Smith & Pajares Tosca (2013), para los/as videojugadores/ una comunidad se constituye cuando los/as jugadores interactúan con frecuencia a partir de un juego y desarrollan una serie de normas y formas en que tiene lugar esta interacción. Estas normas y formas de interactuar pueden incluir el manejo de un conocimiento especifico sobre los videojuegos, Por ejemplo, durante la visita al escenario del *Challenge Accepted,* el *Fan Boy* me comentó algo sobre un juego desarrollado por Kenji Inafune, creador del clásico videojuego *Megaman,* y luego me preguntó si sabía quién era Inafune. Interpreté la pregunta como una especie de prueba sobre cuánto conocimiento yo manejaba del mundo de los videojuegos. Esto me hizo reflexionar que ser videojugaor/a no es simplemente encender una consola y comenzar a jugar, ser videojugador/a requiere conocer cuáles son las especificaciones de cada consola y también conocer sobre los juegos, ya sea por su género o por su aportación en términos de innovación a la industria. También supone saber quiénes son las personas o casas desarrolladoras que dan vida a los juegos, lo cual sirve como criterio para adquirir o no un nuevo juego. Es similar a lo que ocurre en el mundo del cine cuando un/a cinéfilo/a sigue a algún/a director/a en particular.

En este evento pude observar que muchas personas que forman parte del mundo de los videojuegos también forman parte de otros grupos de interés como por ejemplo los *cosplayers* (costume players). Esto no es inusual ya que los videojuegos son fuente de inspiración para algunos *cosplayers,* algo que pude constatar al observar en los escenarios visitados a personas vestidas como asesinos de la serie de juegos de *Assassin's Creed,* soldados al estilo de los juegos de *Call of Duty* o personajes de la serie de juegos *Street Fighter.*

Este evento también sirvió para establecer diferencias entre aquellos grupos o comunidades que están comenzando y aquellos que llevan un tiempo en este tipo de actividades, como es el caso de *PR Gamer.* Fue precisamente Mark de *PR Gamer* quien me señaló la diferencia entre hacer actividades para videojugadores/as y hacer actividades para múltiples grupos. En el *Hell-O-Ween 2013* hubo dos grupos, videojugadores/as y jugadores/as del juego de cartas *Yu-Gi-Oh!* En el *Challenge Accepted* hubo también dos grupos, los/as videojugadores/as y los *cosplayers*. Cuando las actividades van dirigidas a los/as videojugadores/as, las personas que vienen están entre las edades de 20 y 30 años, pero cuando las actividades son dirigidas a grupos mixtos, como por ejemplo a los *cosplayers*, el público que asiste es menor en edad, lo que puede desalentar a ciertos videojugadores/as a asistir a la actividad. Se produce entonces una segregación etaria ya que, como lo demostró nuestra encuesta, la edad promedio del/la videojugador/a en Puerto Rico es de 33 años. Los intereses, la visión de vida y las responsabilidades de grupos de personas que se encuentran en estas edades es diferente de aquellas personas que están todavía en la adolescencia, o saliendo de ésta. La implicación que tiene al tener estas actividades mixtas radica en que los videojuegos pueden pasar a un segundo plano en la actividad. Podemos proponer que los videojuegos no son considerados por sus usuarios como una actividad infantil de la misma manera en que ser un *cosplayer* o un jugador de cartas *Yu-Gi-Oh!* no significa serlo. Propongo que para conocer más este proceso de segregación etaria debemos realizar investigaciones con las comunidades de *cosplayers* y de jugadores de *Yu-Gi-Oh!* en Puerto Rico.

Lo que ocurrió en el *Challenge Accepted* fue un ejemplo de lo que hemos señalado. La poca participación de videojugadores/as en el torneo organizado se debió a que la mayoría de las personas presentes en el lugar asistió a la actividad para compartir otros intereses y no para jugar videojuegos. Por ejemplo, personas que pertenecen a la comunidad de *Las Chikas Gamers*, una de las comunidades que organizó el torneo, fueron con sus *cosplays* y pude observar que interactuaban más con otros/as *cosplayers* y que no participaron de forma activa del torneo de videojuegos. Esto puede significar, que para que un evento para videojugadores/as sea exitoso, este no debería llevarse a cabo junto a otros eventos dirigidos a otras comunidades, como los son los *cosplayers* y los jugadores de cartas. Proponemos que hay distinciones entre estos tipos de comunidades, no de forma jerárquica, sino que cada una de estas comunidades se constituye en otros campos de saber en los que hay que manejar otros tipos de capital. Es decir, como videojugador/a, el capital que se posee está relacionado con los juegos, las consolas, las estrategias de juego, las clasificaciones de juego, entre otros. El capital de la cultura de los/as *cosplayers* está relacionado mas a los personajes que forman parte de series *anime*, cómics, videojuegos, películas además, en algunos casos, del manejo de destrezas tales como costura y aplicación de maquillaje con el propósito de confeccionar sus atuendos. Al ser culturas distintas, el conocimiento que se tiene como videojugador/a contribuye muy poco para facilitar las interacciones y dinámicas que tienen lugar en estos otros campos. Nuevamente, habría que realizar otras investigaciones para conocer los puntos de encuentro y desencuentro entre cada uno de estos campos.

Un ejemplo que apoya el planteamiento de cómo los espacios definidos para cada comunidad contribuye al éxito de la misma fueron los eventos *Best Battles Fighting Games Exhibition* y *First Attack!*, organizados por el grupo *Fighting Game Community PR*. Estos eventos fueron exclusivamente para videojugadores/as. No había *cosplayers* ni juegos de cartas, solo videojuegos. En el *Best Battles Fighting Games Exhibition* y *First Attack!* los juegos fueron exclusivamente de pelea. El público que asistió a estas actividades fue de mayor edad que en los otros eventos y las conversaciones no giraron solamente sobre los juegos sino también sobre las personas que juegan los juegos. Es una visión diferente de los videojuegos, no solamente como una forma de entretenimiento o pasatiempo sino como un deporte. Es decir, existe un movimiento a nivel internacional, que cada vez tiene más fuerza en Puerto Rico, de competir en torneos a nivel profesional, llegando incluso a jugarse para ganar dinero o en representación de un patrocinador. Cada vez adquiere más notoriedad y reconocimiento lo que se ha denominado como *esports player*, es decir jugadores/as profesionales de videojuegos. Este reconocimiento no es exclusivo de la comunidad de videojugadores/as, el gobierno de Estados Unidos, a partir del año 2013, otorga visas bajo la categoría de atletas profesionales a videojugadores/as provenientes de países en Asia y Europa para que puedan entrar al país a participar de torneos de videojuegos[26].

En este tipo de escenario no solo es importante conocer y dominar el videojuego, sino que también se toma en consideración los estilos de cada jugador, los avatares que selecciona como parte de su juego, su técnica de juego y la posición (*ranking*) que tiene cada jugador/a, haciendo de este evento uno más competitivo que los demás eventos. Para ellos/as, el evento de *Arcadia* (el cual analizaremos más adelante) no era para los/as videojugadores/as el evento más esperado del año, como se anunciaba en los medios de comunicación, sino que era el *First Attack!*, ya que estaba dirigido exclusivamente a jugar.

Las personas que asistieron a estos eventos conocen quiénes son los jugadores importantes de Puerto Rico y de Estados Unidos, como sucede con los fanáticos de los deportes tradicionales como el baloncesto o el beisbol. A estos

---

26 The U.S. Now Recognizes eSports Players As Professional Athletes. Disponible en http://www.forbes.com/sites/insertcoin/2013/07/14/the-u-s-now-recognizes-esports-players-as-professional-athletes/

dos eventos vinieron jugadores de Estados Unidos, quienes vinieron a jugar por invitación. Su presencia atrajo a jugadores locales, no solo para observarlos jugar sino también para tener la oportunidad de enfrentarse a ellos. Ganar en este evento era importante, pero también lo era poder competir contra un/a jugador profesional y tener un buen desempeño. El trato que se les da a los jugadores profesionales es el mismo que recibe cualquier celebridad deportiva, motivando a los jugadores locales a jugar mejor para alcanzar un estatus similar.

El último evento en la categoría de torneos y exhibiciones que analicé fue *Arcadia 2013*. Este fue el evento más comercial. Como mencioné, en su promoción se presentaban como el evento del año, el evento más importante para los/as videojugadores/as. Sin embargo, de los/as videojugadores/as con los que tuve la oportunidad de hablar, el *First Attack!* era considerado el evento de videojuegos del año. *Arcadia 2013* fue el evento que más recursos económicos tuvo, marcando en este sentido una diferencia con actividades como el *Hell-O-Ween 2013*. Este evento fue coordinado por la comunidad de *Yo Soy un Gamer*, liderada por Hambo, el cual tiene gran presencia en programas de radio y televisión. Podríamos plantear que Hambo ha contribuido en Puerto Rico a hacer de los videojuegos un fenómeno más de la corriente regular (mainstream), así como un fenómeno transmedia, al integrar varios medios en el análisis, divulgación y exposición de los videojuegos. Este uso de otros medios de comunicación da mayor exposición a Hambo y a la comunidad *Yo Soy un Gamer* entre otros sectores poblacionales que no son exclusivamente de videojugadores/as. Sin embargo, no han sido los únicos en combinar múltiples medios para llegar a su público. Por ejemplo, miembros de las comunidades *Mi Gameroom*, *YetAnotherPlatinum* y el *Fan Boy* se agruparon en un grupo llamado *Info-Gamers* y publican una columna en el diario Metro de Puerto Rico, así como también transmiten un Podcast todos los sábados desde el 2012, exclusivamente sobre videojuegos, los cuales están disponibles en YouTube. Este es otro ejemplo de cómo los videojuegos se han convertido en un fenómeno transmedia que ha alcanzado un sitial de importancia entre el público.

Es importante señalar un dato adicional sobre el evento de *Arcadia*. Este evento contó con varios auspiciadores y los premios por jugar en el mismo fueron superiores a los ofrecidos en otros torneos. También contó con mucha promoción en prensa, radio y televisión. Sin embargo, la percepción de los/s videojugadores/as fue que este evento estuvo dirigido más al público general que a los/as videojugadores/as mas dedicados. Sucesor del *Gaming Xplosion Fest* (evento de exhibición de videojuegos que se llevaba a cabo en el Centro de Convenciones de Puerto Rico), *Arcadia 2013* fue un espacio a partir del cual es posible establecer que los videojuegos se han convertido en un fenómeno que no es exclusivamente para un grupo particular de personas. Este tipo de evento busca atraer, de forma exitosa, a un grupo mayor de personas, sin establecer distinciones de carácter etario, partiendo de la premisa de que los videojuegos forman parte de la vida cotidiana contemporánea de la sociedad puertorriqueña en general. En síntesis, este puede considerarse como evento no exclusivo para videojugadores/as ya que también resulta atractivo para el público general.

De los escenarios de torneos y exhibiciones de videojuegos analizados podemos establecer que hay por lo menos cuatro tipos de eventos. Estos eventos son: 1) los eventos para videojugadores/as que incluyen a otros grupos, como jugadores de *Yu-Gi-Oh!* o *cosplayers*; 2) eventos de otros grupos (como por ejemplo, actividades de *cosplayers* o el Puerto Rico Comic Con), en los que se incluyen videojuegos; 3) eventos doblemente exclusivos ya que son solo de videojuegos, pero solo de videojuegos de pelea y; 4) los eventos donde se exhiben videojuegos y se provee un espacio para jugar. Estos escenarios, a pesar de sus diferentes características, permiten a las personas compartir la experiencia de juego con otras personas de forma presencial. Están abiertos para todas aquellas personas que deseen integrarse y que compartan un interés por los videojuegos. Se constituyen como espacios sociales que permiten y promueven la interacción social entre las personas participantes de este tipo de escenarios.

A partir de lo antes expuesto podemos concluir lo siguiente. En primer lugar, los escenarios en los que interactúan los/as videojugadores/as son múltiples y variados. Esta multiplicidad y variedad refleja que los videojuegos forman una parte de la vida de las personas en varias etapas de desarrollo y no son solamente un producto para jóvenes, ya sean niños/as o adolescentes. En segundo lugar, la mayoría de los escenarios son frecuentados por personas entre las edades de 18 a 25 años. Los/as videojugadores/as de más edad (de 25 años en adelante) frecuentan menos los lugares compartidos por varias comunidades pero participan más de eventos dirigidos exclusivamente a videojugadores/as. En tercer lugar, la participación en estos escenarios es predominantemente masculina, lo que plantea la interrogante del porque se da esta situación y nos lleva a preguntarnos cuáles son las razones por las que en Puerto Rico hay menos representación femenina en las comunidades de videojugadores/as.

Según Egenfeldt-Nielsen, Heide Smith & Pajares Tosca (2013), el hecho de que los lugares públicos donde se juegan videojuegos sean espacios predominantemente masculinos, podría contribuir a que las videojugadoras participen menos de este tipo de actividad y prefieran los espacios privados para jugar. Estos autores también plantean que las jóvenes y las mujeres videojugadoras dedican menos tiempo a jugar que sus contrapartes masculinas. En el caso de las jóvenes, la explicación de la poca participación femenina se relaciona con la poca atracción hacia las temáticas de los juegos y a la percepción que tienen sobre la cultura de los videojuegos como una predominantemente masculina. En el caso de mujeres adultas, Egenfeldt-Nielsen, Heide Smith & Pajares Tosca (2013), sostienen que el poco interés puede deberse a que otras actividades, tales como el trabajo doméstico, tienen mayor prioridad y esto contribuye a que dispongan de menos tiempo para jugar.[27]

En el caso de nuestro estudio, la poca participación femenina no solo fue observada durante el trabajo etnográfico, sino que también pudimos constatarla en los resultados de la encuesta en línea y en las entrevistas. En el caso de la encuesta, solo el 26.5% de las 505 personas participantes de la encuesta se identificó como féminas, frente a un 73.5% que se identificó como personas pertenecientes al género masculino. Por otro lado, durante el proceso de entrevistas, las cuales se analizarán más adelante en este stage, preguntamos a la única participante femenina a que atribuía ella el hecho de que pocas mujeres jugaran videojuegos en Puerto Rico. Su respuesta fue la siguiente:

"Pienso que pues, hay muchas que no le llama la atención el mundo del videojuego como tal. Lo mas que le gusta es que si la ropa, que si muchachos, o estudiar, cosas así... por lo menos lo que yo he escuchado, que le he preguntado porque no le gustan los videojuegos, ellas me dicen que a los cinco minutos se aburren de estar sentadas frente al televisor. A los cinco minutos se aburren y se van." (Participante 5)

---

27 Para una mayor discusión del vinculo entre videojuegos y género recomendamos los trabajos *From Barbie to Mortal Kombat: Gender and Computer Games* (1998) de Justine Cassell y Henry Jnekings, Killing Like a Girl: Gendered Gaming and Girl Gamers (2002) de Jo Bryce y Jason Rutter, *Girls/Women Just Want to Have Fun: A Study of Adult Female Players of Digital Games* (2003) de Aphra Kerr, y *Multiple Pleasures: Women and Online Gaming* (2003) de T.L. Taylor.

Este comentario es consistente con lo expresado anteriormente siguiendo el trabajo de Egenfeldt-Nielsen, Heide Smith & Pajares Tosca (2013), sobre las posibles razones del porque hay menos videojugadoras que videojugadores. Nuevamente, este tipo de relación debe ser ampliamente explorada y puede constituirse como una línea de investigación que explore la relación del género y los videojuegos, particularmente en el caso de Puerto Rico.

A partir de las experiencias presentadas y analizadas en esta sección, podemos proponer que en los escenarios frecuentados por los/as videojugadores/as puede observarse lo que Bourdieu (2005) llama *habitus*, es decir como ese conjunto de prácticas que determinan la forma de actuar, pensar o sentir al interior de un campo social. Para poder interactuar en estos escenarios se requiere de un conocimiento sobre los videojuegos para relacionarse con otras personas. El conocimiento que contribuye en el establecimiento de interacciones sociales en los escenarios en los que interactúan los/as videojugadores/as se circunscribe, aunque no de forma absoluta, al conocimiento tecnológico de las consolas, el conocer sobre estrategias de juego, conocer sobre la historia y desarrollo de los juegos y de la industria, conocer sobre los juegos del momento así como de aquellos considerados como clásicos, conocer sobre los aditamentos o artefactos que contribuyen a mejorar la experiencia de juego, entre otros. Este conocimiento posibilita y facilita las interacciones al interior del campo de los videojuegos. Entiendo que los escenarios sociales estructurados a partir de los videojuegos son campos, al decir de Bourdieu (2005), ya que se constituyen como un área determinada de la actividad social, un espacio en el que se producen interrelaciones sociales. Es posible observar en este campo jerarquizaciones, como fue el caso de los jugadores profesionales que vinieron de Estados Unidos y las dinámicas que sostuvieron con los jugadores en Puerto

Rico También se evidencia en el reconocimiento de aquellas personas que organizan torneos, aquellos que han formado grupos, paginas en Facebook o blogs sobre videojuegos, es decir, aquellas personas que hacen de los videojuegos algo más que una actividad para los momentos de ocio.

Estos escenarios son cada vez más frecuentes y cada vez más frecuentados, lo que los convierte en espacios propicios para estudiar las interacciones a partir de los videojuegos como parte de la experiencia de la vida cotidiana en Puerto Rico.

STAGE VI
¿Yo soy un gamer?...
El uso de la encuesta en línea como forma de estudiar las características, hábitos, preferencias y experiencias de los/as videojugadores/as en Puerto Rico.

iguiendo el trabajo de Andres (2012) y Sturgis (2012), se elaboró una encuesta para el estudio. Las encuestas nos permiten recoger datos o conocer más sobre las características demográficas, comportamientos y actitudes de un grupo en particular. Algunas encuestas siguen un enfoque cuantitativo, incluyendo preguntas cerradas mientras que otras encuestas tienen un enfoque cualitativo, incluyendo preguntas abiertas. La variabilidad en la forma de hacer preguntas en una encuesta hace de estas una técnica de recolección de datos que puede ser utilizada en investigaciones con varios métodos.

Andres (2012) define una encuesta a partir de sus características. Para esta autora una encuesta constituye; 1) un recogido de datos en el campo, en lugar de un escenario de laboratorio; 2) una organización de datos individuales utilizando una multitud de formas de recoger la información sobre los individuos, y 3) una forma de contar o medir un valor y la extensión de un fenómeno bajo investigación, ya sea contando o midiendo la información recopilada. Algunas características sobre las encuestas radican en la variedad de formas en que pueden ser administradas (pueden ser auto administradas o administradas en forma de entrevistas) y en su carácter probabilístico (basados en la recolección de datos al azar) o no probabilístico (recogido de datos deliberado o no al azar). Nuestra encuesta, como se discutirá en detalle en el próximo apartado, contiene tanto preguntas cuantitativas como preguntas cualitativas. De igual forma, hay variedad en las formas de contestar, ya que algunas de las preguntas cuantitativas ofrecen la opción de ser contestadas eligiendo una sola respuesta o varias, dependiendo de la información que se buscaba recoger con la pregunta.

Existen una serie de elementos que están presentes en el proceso de crear y administrar una encuesta. Estos elementos son población, población de interés, marco de muestreo, muestra de la encuesta y los encuestados. La población es un concepto abstracto del estudio, que representa al universo total de la población el cual no puede ser estudiado de forma completa y precisa. Debido a esto se selecciona una población de interés o muestra de la población. Es decir, un grupo que posee unas características particulares claramente definidas que representen a la población. Como parte de esto, en primer lugar, debemos definir de forma específica las unidades individuales de análisis. En segundo lugar, identificar unidades grupales tales como una organización, un hogar, o una escuela. En tercer lugar, las fronteras geográficas, y si es posible, las clases o subclases también deben ser especificadas. Por último, debemos plantear un periodo de tiempo específico en que se realizará el estudio.

Es a partir de estos criterios que podemos establecer quién es elegible e inelegible para participar en el estudio. La información antes mencionada provee el marco de muestreo. Este se compone de las características específicas de la población que se interesa estudiar y que es elegible para hacerlo. Una vez tenemos el marco de muestreo podemos seleccionar la muestra de la encuesta, es decir aquellas personas que pueden ser seleccionadas para participar, tradicionalmente de una lista de candidatos. Finalmente tenemos a los/as encuestados/as que son las personas que contestan la encuesta. Para nuestro estudio, las características de las personas encuestadas eran tres: que las personas vivieran en Puerto Rico, que tuvieran algún tipo de interacción con los videojuegos y que fueran mayores de 18 años. En el proceso de administración de una encuesta pueden surgir una serie de errores que podrían sesgar los resultados de la investigación. Como regla general, si surge un problema, y este no es considerado como uno que pueda sesgar el resultado de la investigación, este puede ser ignorado. Si es un problema relacionado con un reactivo específico, dicho error no constituye automáticamente un problema para el resto de la encuesta. Cada caso que constituya un posible error debe ser evaluado durante el proceso de análisis de los datos. Por ejemplo, puede producirse un error por no responder. Si un/a participante no contesta ninguna parte del instrumento, es un error en el nivel de la unidad. Este tipo de error puede ser eliminado en una primera etapa de revisión de los datos.

Si un/a participante no contesta una premisa en particular, es un error que puede encontrarse en esa premisa específicamente sin implicar esto que todo el instrumento no mida lo que debe medir. Otro tipo de error que podría tener lugar es que el instrumento haya sido contestado por alguien que no es elegible para contestar el mismo. Esto sucede cuando personas forman parte del marco de muestro pero no reúnen las características necesarias para participar en el estudio. Al eliminar a los participantes que no son elegibles del banco de datos recopilado nos aseguramos que el estudio tenga credibilidad. Para que un estudio tenga credibilidad, este debe ser llevado a cabo de tal forma que asegure que los participantes han sido descritos e identificados de forma adecuada.

Una vez se ha construido el instrumento, es recomendable realizar una prueba piloto con este. El propósito de realizar un ejercicio piloto tiene varios propósitos. En primer lugar, asegurar que el nivel y tipo de lenguaje utilizado en las preguntas es apropiado y pueda ser entendido por la audiencia a la que se destina. Segundo, asegurar que las preguntas son entendidas con respecto a lo que se está preguntando. Por último, tiene como propósito verificar que el orden en que se formulan las preguntas es adecuado. El piloto puede ser realizado por expertos en el tema o en grupos focales. Para nuestro trabajo propusimos utilizar una encuesta auto administrable que estuviera disponible en línea utilizando la página de encuestas SurveyMonkey. El uso de encuestas en línea tiene ventajas y limitaciones. Entre las ventajas se encuentran el hecho de que las encuestas administradas en línea son menos costosas económicamente ya que no requieren el uso de papel y no requieren que nadie entre los datos ya que esto se hace de forma automática, permitiendo recoger la información de forma más rápida. Entre las limitaciones podemos mencionar varias, entre ellas, el problema de acceso en línea. A pesar de que muchas personas tienen acceso a las computadoras y al internet, es menos posible predecir con cuanta frecuencia una persona tiene acceso a su cuenta de correo electrónico o a su cuenta de Facebook, en comparación a cuantas veces contesta el teléfono o revisa su correspondencia. Algunas personas pueden estar conectadas al internet de forma frecuente mientras otras personas rara vez revisan sus cuentas electrónicas. Esto puede ser un problema para la investigación si el estudio en cuestión involucra a una población que tiene poco acceso a internet, como por ejemplo personas de edad avanzada o personas de escasos recursos. En nuestro caso particular, debido a la naturaleza del estudio, entendemos que el uso de la encuesta en línea es uno adecuado ya que se podría esperar que la población a la que está dirigida es una población que usa continuamente las nuevas tecnologías, particularmente los videojuegos. Según Andres (2012), las decisiones al momento de seleccionar la muestra giran sobre tres asuntos principales: lo que el investigador/a quiere hacer, lo que puede hacer, (en términos de tiempo y recursos) y lo que está permitido a hacer. Esto último se refiere a la delimitación del estudio y a las limitaciones impuestas por otros, como por ejemplo aquellas impuestas por el Comité Institucional para la protección de los Seres Humanos en la Investigación (CIPSHI) adscrito al Decanato de Estudios Graduados de la Universidad de Puerto Rico, Recinto de Río Piedras.

Diseño de la encuesta en línea

El primer paso en el proceso de creación de la encuesta en línea fue revisar otras encuestas similares sobre el tema, particularmente las de GameStop, Čulig & Rukavina (2011), la Asociación española de Distribuidores y Editores de Software de Entretenimiento (aDeSe), la del *IAB Games Steering Group* y el informe *2012 Essential Facts about the computer and video game industry* realizado por el *Entertainment Software Association (ESA)*. A partir de esta revisión inicial y de la revisión de literatura se creó un instrumento con treinta y un (31) reactivos. La primera pregunta del instrumento consistió en el consentimiento informado. En esta pregunta se explicaba a los participantes los detalles del estudio, sus derechos como participantes, así como los posibles riesgos de participar en el estudio. Las preguntas de la 2 a la 14 están relacionadas con datos demográficos como por ejemplo, género, ingresos, educación, entre otros. Las preguntas 15 a la 31 son preguntas relacionadas con las prácticas, hábitos, preferencias y usos de los videojuegos por parte de los/as encuestados/as. Los requisitos para participar en el estudio fueron tres: ser mayor de 18 años, vivir en Puerto Rico y tener contacto con videojuegos. La muestra propuesta fue de 300 participantes para nuestro estudio. La encuesta en línea se subió a la página de SurveyMonkey el 6 de diciembre de 2013 y estuvo disponible hasta el 2 de enero de 2014. Se realizó un estudio piloto con cinco (5) personas que reunían los requisitos para participar en el estudio. Luego de corroborar que el instrumento fue entendido en su totalidad en términos del lenguaje utilizado y las preguntas que realizaba se procedió a promocionarlo mediante dos formas, realizando envíos del enlace de la encuesta por correo electrónico, pero primordialmente mediante el uso de la red social Facebook. Como nos menciona Figueroa Sarriera (2014), en su artículo *Redes sociales: una agenda de investigación para la Psicología* debemos "reconocer que el fenómeno de la proliferación de redes sociales, junto a otras tecnologías emergentes, abren un horizonte de posibilidades para la investigación psicosocial". (Figueroa Sarriera 2014, pp.3-4). De igual forma, se establece en el artículo que las edades de las personas con perfiles en Facebook oscila entre los 18 y 24 años, por lo que entendemos que es una población en términos de edad, que podría formar parte de nuestra muestra. Por esta razón se le dio promoción a la encuesta en páginas de Facebook que reunieran ciertos requisitos, como por ejemplo que fueran páginas sobre videojuegos hechas por personas residentes en Puerto Rico, o cualquier página que pudiera tener miembros mayores de 18 años que reuniera los requerimientos del marco de muestreo. Se colocó el enlace de la encuesta en línea en las siguientes páginas de Facebook: *Mi Gameroom, YetAnotherPlatinum, PR Gamer, FanBoy, Yo soy un gamer, Gamers Gang, Fighting Gaming Community, Las Chikas Gamers, Gamers Crew PR, Gamers de Puerto Rico, Puerto Rico Online Gamers, PR*

Gamers,IGDA, PR Comic Con, PR Game Developers Coop, Game Xplosion PR, Cyber Box, PS PR gamers, Puerto Rico Association of Gamers, Airnetworks gaming team, All Day Gamers, Los duros del Call of Duty, Team Ragnarok, Museo de Videojuegos, Radio Huelga, Gaming Promotions, X Box Live Puerto Rico, Game Over? League, PC Gamers Puerto Rico, Asociación Ex Alumnos UPR.

Resultados de la encuesta en línea

Como mencionamos en el apartado anterior, se preparó una encuesta auto administrada utilizando la plataforma SurveyMonkey. La encuesta estuvo disponible entre el 6 de diciembre de 2013 hasta el 2 de enero de 2014 en la dirección http://es.surveymonkey.com/s/ 7CPB7N9. Los únicos requisitos para participar fueron: tener más de 18 años, vivir en Puerto Rico y jugar videojuegos. Una vez la encuesta estuvo en línea, se corrió un piloto del estudio enviando enlace por correo electrónico a cinco personas que cumplían los criterios del estudio. Al no reportar ningún problema con las premisas de la encuesta se compartió el enlace de la encuesta en las siguientes paginas de Facebook: *YetAnotherPlatinum, Mi Gameroom, FanBoy, PR Gamer, Las Chikas Gamers, Gamers Gang, Yo soy un gamer, Fighting Gaming Community, Gamers de Puerto Rico, Puerto Rico Online Gamers, PR Gamers, IGDA, PR Comic Con, PR Game Developers Coop, Game Xplosion PR, Cyber Box, PR PlayStation Gamers, Puerto Rico Association of Gamers, Airnetworks Gaming Team, All Day Gamers, Los duros del Call of Duty, Team Ragnarok, Museo de Videojuegos, Gaming Promotions, X Box Live Puerto Rico, Game Over? League, PC Gamers Puerto Rico, Asociación Ex Alumnos UPR, Estudiantes de UPR Informan, Radio Huelga.*
Veinticuatro horas después de subir la encuesta en línea

92 personas ya habían participado de la misma. A setenta y dos horas de haber subido la encuesta 314 contestaron la misma. La muestra propuesta al inicio de la investigación fue de 300 personas. Al cierre de la encuesta el 2 de enero de 2014 había un total de 615 personas. Una vez cerrada la encuesta se comenzó el proceso de limpiar la base de datos. Se eliminaron primero aquellas personas que no cumplían con el requisito de edad. Varios de los participantes estaban entre las edades de 12 a 17 años. En segundo lugar, se eliminaron las encuestas de aquellas personas que no vivían en Puerto Rico. Hubo encuestas de personas en Guatemala, Argentina y varios estados de Estados Unidos. Por último, se eliminaron aquellas personas que no jugaban videojuegos. Este fue el caso de personas que contestaron toda la parte relacionada a datos demográficos pero no contestó ninguna pregunta de las secciones referentes al uso y preferencias de videojuegos. Al final el banco de datos consistió de 505 encuestas que reunían todos los requisitos del estudio.

Los resultados de las encuestas fueron los siguientes: de las 505 encuestas 134 (26.5%) contestaron que pertenecían al género femenino y 371 (73.5%) personas contestaron que pertenecían al género masculino. La edad promedio de los/as videojugadores/as en Puerto Rico fue de 33.7 años, con una mediana de 19 años y una moda de 21 años. 278 (55%) personas dijeron estar Soltero/a; 107 (21.1%) personas reportaron estar en una Relación de pareja; 77 (15.2%) estaban casadas/os y 43 (8.5%) dijeron estar Viviendo con una pareja.

De las personas entrevistas 173 (34.2%) personas contestaron que vivían con sus padres; 94 (18.6%) con su madre; 63 (12.5%) con su pareja y con hijo(s)/a(s); 57 (11.3%) con su pareja; 49 (9.7%) contestó que vivía sólo (a); 37 (7.3%) con familiares (abuelos, tíos, primos, etc.); 16 (13.2%) con otras personas que no son familiares; 10 (2%)

viven con su padre; 2 (.4%) con hijo(s)/a(s); 4 (.8%) personas no respondieron la pregunta.

En términos de preparación académica, 176 (34.9%) personas respondieron que poseían un bachillerato; 148 (29.3%) reporto que había terminado el cuarto año de escuela superior o su equivalente; 34 (6.7%) personas tienen maestría; y 11 (2.1%) doctorado. De estas, 124 (24.6%) personas indicaron que su ingreso económico era entre $10,001 a $20,000; 116 (23%) menos de $10,000; 73 (14.5%) entre $30,001 a $40,000; 69 (13.7%) entre $20,001 a $ 30,000; 44 (8.7%) entre $60, 001 o más; 33 (6.5%) entre $40,001 ó $50,000; 27(5.3%) entre $50,001 a $60,000 y 19 (3.8%) no respondió la pregunta.

Sobre sus preferencias relacionadas al uso del hardware, 141 (27.9%) personas respondieron que SONY PlayStation 3 era su consola favorita; 83 (16.4%) respondió computadora personal (PC / Mac); 82 (16.2%) respondió SONY PlayStation 4; 63 (12.5%) Xbox 360; 37 (7.3%) XBox ONE; 18 (3.6%) Nintendo 3DS; 16 (3.2%) Nintendo Wii; 10 (2%) Nintendo Wii U; 7 (1.4%) SONY PlayStation 2; 3 (.6%) XBox Kinect; 2 (.4%) SONY PlayStation; 1 (.2%) SONY PSP (Slim, Lite, Go, 2000, 3000); 1 (.2%) SONY PSP Vita; 1 (.2%) Xbox y 40 (8%). Además de jugar en consolas o computadoras, 341 (67.5%) de los/as participantes respondió que también juegan en el teléfono (Android, iPhone o Blackberry)

En la pregunta ¿Qué tipos de juegos te gusta jugar?, se permitió a los participantes seleccionar más de una opción. El número total de respuestas en esta pregunta fue de 2,754 respuestas. Los resultados se presentan en la siguiente tabla:

Tabla 1

¿Qué tipos de juegos te gusta jugar?

Variable	Número de respuestas	Porciento
Estrategia (Real-Time Strategy Games)	276	10
Simulaciones	154	5.6
Deportes (Sports Games)	156	5.7
Disparo-Primera persona (First Person Shooter Games)	303	11
Disparo-Tercera persona (Third Person Shooter Games	234	8.5
Role-Playing	265	9.6
Carreras (Driving)	195	7.1
Acción- Aventura (Action-Adventure Games)	370	13.4
Pelea (Fighting Games)	206	7.5
Música o Ritmo (Music or Rhythm Games)	137	5
MMORPG	157	5.7
Plataforma (Platform)	140	5.1
Rompecabezas (Puzzle Games)	145	5.3
No respondió	16	.6
TOTAL	2754	100

Es importante señalar que cuando comparamos la variable género con las preferencias de juegos encontramos diferencias en algunos tipos de juegos, pero no en otros. Por ejemplo, en los juegos de Acción- Aventura (hombres 13.3%; mujeres 14.1%), Role-Playing Games (hombres

9.6%; mujeres 9.9%) y juegos de Estrategia (Real-Time Strategy Games) (hombres 9.8%; mujeres 10.8%) no hubo diferencias entre los géneros. Sin embargo, los juegos de Disparo-Primera persona (First Person Shooter Games) y Disparo-Tercera persona (Third Person Shooter) son preferidos por los hombres en proporción de 11.61% para los hombres y 9.2% en el caso de las mujeres para el primer tipo de juego y 9.56% de hombres y 5.3% para las mujeres en el segundo tipo de juego. Por otra parte, las mujeres prefieren más que los hombres los juegos de Música o Ritmo (Music or Rhythm Games) como lo demuestran los resultados ya que solo el 4.1% de los hombres juega este tipo de juegos mientras que el 8% de las mujeres prefiere este tipo de juegos.

Sobre cuánto tiempo invierten los/as participantes jugando videojuegos en una semana, la respuesta más seleccionada fue entre diez (10) y cinco (5) horas a la semana con un total de 107 (21%) respuestas, seguido de entre quince (15) y once (11) horas a la semana para un total de 80 respuestas con un 15.8%. Las otras respuestas a la pregunta fueron 75 (14.9%) para la opción de menos de cuatro (4) horas a la semana; 74 (14.7%) para la opción de más de treinta (30) horas a la semana; 70 (13.9%) para la opción entre veinte (20) y dieciséis (16) a la semana; 42 (8.3%) respuestas para la opción entre veinticinco (25) y veintiún (21) horas a la semana; y 27 (5.3%) respuestas para la opción Entre veintiséis (26) y treinta (30) horas a la semana. Los días en que mas juegan, según los/as participantes son los viernes en la noche, sábados y domingos (240 respuestas, para un 23.3%). Todas las respuestas a esta pregunta se detallan en la siguiente tabla.

Tabla 2

¿Cuándo dedicas más tiempo a jugar?

Variable	Número de respuestas	Porciento
De lunes a jueves, durante el día	24	2.3
De lunes a jueves, durante la noche	82	7.8
De lunes a viernes, durante el día	54	5.2
De lunes a viernes, durante la noche	158	15.4
Viernes en la noche, sábados y domingos	240	23.3
Sábados, durante el día	96	9.3
Sábados, durante la noche	127	12.3
Domingos, durante el día	103	10
Domingos, durante la noche	114	11
No respondió	30	3
TOTAL	1028	100

En términos de la diferencia por géneros, se encontró que las mujeres (28.6%) tienden a jugar más que los hombres (22.7%) los viernes en la noche, sábados y domingos, pero los hombres (17.3%) tienden a jugar más de que las mujeres (10.4%) de lunes a viernes, durante la noche.

También se les preguntó a los participantes por el espacio que utilizan para jugar videojuegos. 257 (51%) de los/as respondió que juega en el cuarto donde duerme; 91 (18%) personas respondieron que jugaban en la sala; 47 (9.3%) personas respondieron que juegan en el *family room*; y 17 (3.4%) personas respondieron que juegan en un *Gameroom*.

Con relación al *Gameroom,* solo 89 personas (17.6%) respondió que tenían un espacio de este tipo en su casa, y 282 personas (55.8%) respondieron que les interesaría tener un cuarto exclusivo para jugar.

Sobre sus inicios con los videojuegos, 162 personas (32%) indicaron que comenzaron a jugar en o antes de los 5 años, mientras 232 personas (45%) indicaron que comenzaron a jugar entre los 6 y 10 años y 51 personas (10%) entre los 11 y los 20 años. Aunque comenzaron a jugar a edades tempranas, actualmente los/as participantes informan que su tiempo de juego se ha reducido. Comparando el tiempo que dedican a jugar actualmente con el tiempo que dedicaban a jugar hace cinco (5) años, 260 (51.5%) de las personas respondió que su tiempo de juego ha disminuido en los últimos cinco (5) años; mientras que 105 (20.8%) personas respondieron que su tiempo de juego ha aumentado en los últimos cinco (5) años y 103 (20.4%) personas respondieron que no ha habido ningún cambio en sus hábitos de juego.

Sobre cuántos juegos han jugado en los últimos seis meses antes de responder a la encuesta, 230 (45.5%) de las personas respondió que han jugado entre 1-5 juegos; 119 (23.6%) de las personas respondió que han jugado entre 6-10 juegos; 47 (9.3%) de los personas respondió que han jugado entre 11-15 juegos; 41 (8.1%) de las personas respondió que han jugado más de 20 juegos; 21 (4.2%) de las personas respondió que no han jugado ningún juego en los últimos seis (6) meses; 16 (3.2%) de las personas respondió que han jugado entre 16-20 juegos y 31 (6.1%) personas no respondieron a la pregunta.

Cuando comparamos estos datos con la variable género, observamos que la mayoría de los hombres (52.8%) así como la mayoría de las mujeres (48.6%) comenzaron a jugar entre las edades de 6-10 años. Por otro lado, tanto hombres (55.2%) como mujeres (54.7%) coinciden en que su tiempo de juego se ha reducido en los últimos cinco (5) años.

Preguntamos también sobre las preferencias de los/as jugadores/as relacionadas con jugar en línea o jugar con otras personas presentes y sobre con quien prefieren jugar y en qué condiciones. Las respuestas a estas preguntas se detallan en las siguientes dos tablas:

Tabla 3
¿Cuando juegas con otras personas, estas están presentes o están conectadas en línea

Variable	Número de respuestas	Porciento
Presentes	153	30.3
Conectados en línea (online)	253	50.1
Ambas	52	10.3
No respondió	47	9.3
Total	505	100

Tabla 4
¿Con quién prefieres jugar?

Variable	Número de respuestas	Porciento
Solo	114	22.6
Con amistades presentes	130	25.7
Con amistades en línea (online)	151	29.9
Con desconocidos en línea (online)	14	2.8
Con mi pareja	32	6.3
No respondió	64	12.7
TOTAL	505	100

Cuando comparamos estas variables con la variable género, podemos observar que las mujeres prefieren jugar con personas que estén presentes, particularmente si son sus amistades (31.5%), mientras que los hombres prefieren jugar con sus amistades (39%) pero no de forma presencial sino conectados en línea (39%).

Sobre qué tipos de actividades realizan los/as participantes relacionadas con los videojuegos, 146 (28.9%) de las personas respondió que participan en ventas de medianoche; 104 (20.6%) de las personas respondió que participan de los torneos; 89 (17.6%) de las personas respondió que participan de exposiciones de juegos; 76 (15%) de las personas respondió que realizan LAN Parties; 50 (9.9%) de las personas respondió que se reúnen para discutir estrategias de juegos y 40 (7.9%) personas no respondieron a la pregunta. Es interesante señalar que en lo que respecta a las ventas de medianoche no hay diferencias significativas entre hombres (31.5%) y mujeres (31.4%), si hubo diferencias en la participación en los torneos (hombres 23.5%; mujeres 16. 3%) y en la exhibiciones de videojuegos (hombres 17.5%; mujeres 26.7%).

Finalmente, preguntamos también a los/as videojugadores/as, cómo se describirían a sí mismos/as como jugadores/as. La mayoría de los/as participantes se considera o un/a jugador/a regular de videojuegos (40.8%) o un/a jugador/a experto de videojuegos (32.3%). Particularmente la mayoría de las mujeres (53.3%) se identifican más con ser una jugadora regular de videojuegos, mientras que la mayoría de los hombres (42.6%) se identifica como un jugador experto de videojuegos. Solo 40 (7.9%) personas se consideran un/a jugador/a novato/a de videojuegos y 23 (4.6%) se considera un/a no jugador/a de videojuegos. Con relación a la percepción que los/as jugadores/as tienen de sí, y de las demás personas que entienden forman parte de su comunidad, abundaremos más en la siguiente stage.

Análisis de la encuesta en línea

Como mencionamos en el apartado anterior, un total de 505 personas participaron de la encuesta. A partir de los resultados presentados, es posible comparar nuestros resultados con los resultados obtenidos de otros estudios sobre el tema llevados a cabo en otros países, los cuales fueron reseñados en el primer stage.

Una de estas variables que podemos comparar es el género. Como mencionamos, en el caso de Puerto Rico, el 73.5% de los participantes reportó pertenecer al género masculino. Esto fue similar al caso del estudio llevado en Croacia por Čulig & Rukavina (2011), donde el 72.4% de los entrevistados fue masculino. Por otra parte, en el estudio español *El videojugador español: perfil, hábitos e inquietudes de nuestros gamers* (2012), el 59% de los usuarios fue masculino, mientras que en Estados Unidos el 53% de los usuarios se identifica como perteneciente al género masculino. Las razones para que en Puerto Rico la brecha sea similar a Croacia pero más amplia que en España y Estados Unidos nos son desconocidas, lo que requerirá realizar más estudios para explorar la relación género y videojuegos en Puerto Rico.

A partir de estos datos, podemos proponer que el jugar videojuegos en Puerto Rico está más vinculado al género masculino que al género femenino. Como lo reflejó nuestra encuesta, la mayoría de las mujeres (30%) juega menos de cuatro (4) horas a la semana, prefiere jugar los viernes en la noche, los sábados y domingos (28.6%), se considera una jugadora regular de videojuegos (53.3%) y asiste poco a los torneos de videojuegos (16. 3%), pero si participa de las ventas de medianoche (31.4%) y de las exposiciones de videojuegos (26.7%). Por su parte, un porciento significativo de los hombres (17.2%) juega más de treinta (30) horas a la semana, particularmente los viernes en la noche, sábados y domingos (28.6%), pero también de lunes a viernes, durante la noche (17.3%). La mayoría se considera como un jugador experto de videojuegos (42.6%), y tienden a participar más (23.5%) que las mujeres de los torneos de videojuegos. Como mencionamos en la sección anterior, múltiples variables podrían estar vinculadas en la relación del género y los videojuegos, siendo algunas de esas variables los roles sociales asignados a cada género, las formas de socialización que cada cultura impone o a la multiplicidad o escasez de espacios de interacción social compartido.

Otra variable que podemos comparar a partir de los datos de la encuesta en línea es la edad de los/as videojugadores/as. En Puerto Rico la edad promedio de la persona que juega videojuegos fue 33 años, mientras que en Estados Unidos, según el informe *2012 Essential Facts about the computer and video game industry* llevado a cabo por el Entertainment Software Association (ESA), la edad promedio fue de 30 años y en Inglaterra, según el estudio *Gaming Britain: A Nation United by Digital Play* fue, la edad promedio fue de 25 años. Adicional a la comparación etaria, otra comparación que podríamos realizar es en el estatus civil. Mientras que en el caso de Puerto Rico el/ la videojugador/a es predominantemente soltero/a (55%), y vive con sus padres (34.2%) en el estudio realizado en España en el año 2011 por la Asociación española de Distribuidores y Editores de Software de Entretenimiento (aDeSe), el 52% de los/as videojugadores/as españoles/as reportó que está casado o que vive con su pareja. Esta diferencia puede ser significativa si tomamos en consideración que el 41% de las personas participantes en el estudio realizado en España son mujeres, mientras que en Puerto Rico el porciento de videojugadoras asciende solo al 26.5%. En otras palabras, es probable que la diferencia entre los videojugadores puertorriqueños y los videojugadores españoles se deba a que los segundos tienen mayores posibilidades de compartir los videojuegos con sus parejas, convirtiéndose los videojuegos en un interés compartido.

En síntesis, a partir de los resultados de la encuesta en línea podemos proponer que el perfil de la persona jugadora de videojuegos es típicamente masculino (73.5%), con una edad promedio de 33 años, (con una mediana de 19 años y una moda de 21 años), predominantemente soltero (55%), que vive con sus padres (34.2%) y que tiene un nivel educativo de bachillerato completado (34.9%) o presumiblemente en proceso (29.3%) con un promedio de ingresos entre los 10,000 y 20,000 dólares anuales (24.6%).

En términos de su preferencia de juego, prefiere el SONY PlayStation 3 (27.9%), y los juegos de Acción-Aventura (13.4%), y Disparo en Primera Persona (11%), juega entre diez (10) y cinco (5) horas a la semana (21%), mayormente los viernes en la noche, sábados y domingos (23.3%) y también le gusta jugar videojuegos en el teléfono (67.5%).

El/la videojugador/a típico/a puertorriqueño/a comenzó a jugar alrededor de los 5 años (16.6%), y su tiempo de juego ha disminuido en los últimos 5 años (51.5%). Se considera a sí mismo como un/a jugador/a regular de videojuegos (40.8%) y ha jugado entre 1 y 5 juegos en los últimos 6 meses (45.5%). Prefiere también jugar con personas conectadas en línea (50.1%), particularmente con sus amistades (29.9 %), y asiste a eventos relacionados a los videojuegos, como por ejemplo las ventas de medianoche (28.9%) y los torneos de videojuegos (17.6%). Es decir, para las personas videojugadoras en Puerto Rico, los videojuegos han sido parte de su entretenimiento y modo de vida desde edades tempranas, pero su uso va reduciéndose en la medida en que pasa el tiempo, aunque permanece como un entretenimiento casual y una forma de vincularse con otras personas o mantener lazos de amistad ya establecidos.

STAGE VII

"Yo juego videojuegos, ¿Qué es lo que tú haces?"

Análisis temático de la experiencia con los videojuegos desde la perspectiva de los/as jugadores/as

La tercera técnica para recopilar información en nuestra investigación fue la realización de entrevistas semi estructuradas. Una vez realizadas las entrevistas, estas fueron transcritas y analizadas desde la perspectiva del análisis temático. Para Mills, Durepos y Wiebe (2010) el análisis temático es un acercamiento sistemático para analizar información cualitativa relacionada con la identificación de temas o patrones que tienen significado cultural. La codificación y clasificación de información, usualmente en forma textual, se organiza por temas y se interpreta buscando similitudes, relaciones, patrones, construcciones teóricas o principios explicativos. El análisis temático no es una herramienta investigativa de una disciplina en particular, la misma se utiliza en múltiples campos.

Estos mismos autores, siguiendo a Boyatzis (1998), señalan que el análisis temático es una estrategia para reducir y manejar una gran cantidad de información sin perder el contexto en el cual esta se origina, permitiendo la organización y el resumen de la información recopilada, consiguiendo con esto una mayor precisión en el momento de la interpretación. La unidad básica de análisis en el análisis temático lo es la codificación. La codificación permite la búsqueda de temas recurrentes, frases similares, experiencias compartidas, reportar patrones, significados y realidades, que pueden tener lugar entre los/as participantes y el objeto de estudio. Existen dos formas de codificación: una inductiva, que se realiza a partir de los datos, sin que haya codificación previa; y teórica, que parte de los intereses teóricos específicos del/a investigador/a.

Mieles Barrera, Tonon y Alvarado Salgado (2012) sugieren seguir las siguientes fases para realizar un análisis temático con rigor científico. La primera fase es la Familiarización con los datos (información). Durante esta fase se realiza la transcripción y lectura de la información provista en las entrevistas. Durante el proceso de lectura y relectura, se comienzan a anotar cuales son las ideas generales que se presentan. En la segunda fase se crean los códigos iniciales, organizando la información en grupos con temas y significados similares.

Durante el proceso de codificación se trabaja sistemáticamente a lo largo de toda la información siguiendo las pautas sugeridas por Braun y Clarke (2006) para esta fase del análisis temático: a) se codifica la mayor cantidad posible de patrones en la información; b) se incorpora en cada código la suficiente información como para no perder la perspectiva del contexto; c) se considera que un mismo extracto de datos puede codificarse más de una vez. (Mieles Barrera, Tonon y Alvarado Salgado, 2012, p. 219).

Durante la tercera fase se realiza una búsqueda de temas. Un tema, siguiendo a Boyatzys (1998), es aquella parte de la información que describe, organiza y estructura el significado de una experiencia. En la cuarta fase se revisan los temas previamente presentados, se delimitan y se codifican, para luego en la quinta fase, definir los temas de forma definitiva y crear un orden jerárquico entre los temas, así como la posibilidad incluir subtemas a algunos de los temas. Finalmente, en la sexta y última fase, se redacta una narrativa a partir de la comprensión e interpretación de la información obtenida.

Diseño para las entrevistas y uso del análisis temático

Se seleccionaron cinco (5) personas para ser entrevistadas, cuatro hombres y una mujer. Los criterios para ser seleccionado/a para la entrevista eran: ser mayores de edad, residir en Puerto Rico y que fueran personas que jugaran videojuegos. De las cinco personas entrevistadas, una fue referida por una compañera psicóloga y las otras cuatro personas fueron reclutadas en las actividades donde se realizaron las observaciones etnográficas. Las entrevistas se llevaron a cabo entre el 27 de diciembre de 2013 y el 3 de enero de 2014. Una vez concluidas las entrevistas, se transcribieron y codificaron las mismas. Se agrupó la información obtenida durante las entrevistas a partir de lo expresado en las respuestas a las siguientes preguntas: ¿Cómo jugar videojuegos afecta o ha cambiado tu vida?, ¿Qué significa para ti jugar videojuegos?, ¿Cómo piensas que la gente te percibe por jugar videojuegos?, ¿El jugar videojuegos ha cambiado la forma cómo te percibes a ti mismo?

Siguiendo las fases presentadas por Mieles Barrera, Tonon y Alvarado Salgado (2012), exploramos como el uso de los videojuegos permite el establecimiento y la promoción de ciertas relaciones e identidades sociales. De igual forma, nuestro interés consiste en explorar como esta experiencia de jugar videojuegos contribuye en la creación de una imagen sobre ellos/as mismos como videojugadores/as. Para este fin, se creó un banco de preguntas para realizar cinco (5) entrevistas semi estructurada a personas que reunieran las siguientes características: mayores de 18 años, residentes en Puerto Rico y que jueguen videojuegos de forma cotidiana. Las preguntas estaban dirigidas a explorar que significa para estos/as videojugadores/as el jugar, como el jugar videojuegos forma parte de su quehacer cotidiano y como ellos/as entienden que esta práctica es percibida socialmente. Para las entrevistas semi estructuradas se siguió un proceso típico de preparación, realización, transcripción, codificación y análisis de las entrevistas. Las entrevistas fueron transcritas y leídas y releídas.

Resultados de las entrevistas semi estructuradas

A partir de las transcripciones de las entrevistas se agruparon las respuestas de los/as participantes alrededor de cuatro temas: Identidad, Sentido de comunidad, Percepción social de los/as videojugadores/as y Uso de la violencia en los juegos. A continuación presentamos los códigos (temas recurrentes, frases similares, experiencias compartidas, reportar patrones, significados y realidades) correspondiente a cada uno de los temas antes mencionados y que fueron ofrecidos por los/as entrevistados/as durante sus entrevistas.

En las entrevistas con los/as cinco participantes, varios temas fueron emergiendo a partir de las preguntas realizadas. Las preguntas tenían el propósito de guiar a los participantes a reflexionar sobre el uso y la presencia de los videojuegos en sus vidas. El tema más claro que pudimos observar fue el de la identidad. En el tema de identidad, seguimos el acercamiento hecho por Lupicinio Iñiguez (2001) esbozado en su trabajo *Identidad: de lo personal a lo social*, en donde expone que

en la dimensión experiencial de la identidad lo relevante es considerarla en el contexto social de nuestras relaciones e intercambios con los demás. En esas relaciones, resulta necesario, como es fácil de admitir, tanto una identificación con quienes nos rodean como una diferenciación estricta respecto de ellos y de ellas. La identificación nos garantiza la seguridad de saber quiénes somos y la diferenciación nos evita confundirnos con los demás. (Íñiguez, 2001, p. 209).

Sobre este tema uno de los participantes expresó lo siguiente sobre los/as videojugadores/as:

"Somos una raza diferente a las demás. Somos que no nos entienden, es nuestra forma de divertirnos alguna gente juega pelota, otra gente va a bailar, nosotros jugamos videojuegos. Es una forma de entretenerse". (Participante 3).

Jugar videojuegos se convierte entonces en un elemento que une a las personas, que los/as vincula con una serie de prácticas sociales que componen su ámbito cotidiano y les ofrece un sentido de pertenencia a un grupo. Uno de los participantes, el Participante 2, señaló que el poder compartir con otras personas que jugaban videojuegos es lo que constituye para él la normalidad. Es decir, los otros campos sociales, siguiendo a Bourdieu (2005), son espacios en los que este participante asume las prácticas impuestas por el campo pero no son lo que constituye su ámbito normal, sino que define lo que es normal para él a partir de la posibilidad de relacionarse con otras personas para conversar y compartir alrededor de los videojuegos. Como fue expresado por el propio participante:

"Cuando yo estoy en el trabajo ahí yo tengo que usar mi mascara...Pero cuando salgo por esa puerta yo soy gamer, yo soy freaky, yo soy geek, what ever you want to call it, y como estoy en ese ambiente yo me se siento normal." (Participante 2).

Otras expresiones realizadas por los/as participantes iban dirigidas a explicar cómo los videojuegos son un componente importante en su vida cotidiana. Jugar videojuegos no es un ejercicio que tiene lugar cada cierto tiempo sino algo que forma parte integral de sus vidas. Los siguientes dos comentarios expresan esta visión de los/as participantes:

> "No puedo estar sin jugar algo por mucho tiempo, de verdad que no. Es algo que necesito hacer." (Participante 5)

> "Ahora este es mi tiempo para mí. Ese es mi tiempo para mí para ponerme en contacto con los panas, ese es mi jangueo. Mi hora semanal, perdón, mi hora diaria de videojuegos es mi jangueo, mi forma de entretenerme. Y los weekenes es como 4 horas que le meto más o menos, pero es igual. Es mis horas de retarme, de conectar con ese niño interior que uno tiene, esto, mi manera de pasarlo bien y disfrutar un ratito de lo más que me gusta." (Participante 2)

El segundo tema que identificamos fue el tema de Sentido de Comunidad. Este tema se relaciona con la forma en que los videojuegos contribuyen a crear un sentido de pertenencia a un grupo social. A partir de la experiencia de jugar, algunas personas han constituido lo que ellos/as denominan como comunidades de *gaming*. Estas comunidades de *gaming* comparten no solo en el espacio de juego y se ayudan en juegos colaborativos, sino también se reúnen en eventos, torneos y ventas de medianoche. Sobre este particular los/as participantes se expresaron de la siguiente manera:

> "Cuando tú empiezas a jugar videojuegos y estas en contacto con estas comunidades de gaming tú te sientes como en familia, tú te sientes normal." (Participante 2)

"Me gusta siempre estar en equipo. No soy una persona que me gusta estar solo porque siempre es mejor estar con amigos. Y creo que sí, uno disfruta más los videojuegos con sus amigos. Creo que eso es también parte de todo." (Participante 1)

El tercer tema identificado fue Percepción Social de los/as videojugadores/as. Este tema está vinculado con las formas en que los/as videojugodores/as sienten que son percibidos por personas que no juegan videojuegos. Los/as participantes plantearon que aunque antes la visión de los/as videojugadores/as no era siempre positiva, la visión acerca de los/as videojugadores/as ha cambiado en los últimos años. Como lo expresan los/as propios/as participantes:

"Yo tuve problemas que la gente me decía que yo era adicto a esto, algo que no es cierto. Siempre la gente me comentaba como algo negativo. Ahora ha sido mucho más fácil porque ya existe el concepto de gamer como tal y eso lo ha hecho más fácil." (Participante 4)

"En la intermedia, en la elemental, esto de videojuegos era un taboo, esto era para los inteligentes o, pero estamos en una época de que la aceptación de los videojuegos ya ha sido más general, más abierta y todo el mundo la acepta." (Participante 2)

Sin embargo, a pesar de que se ha aceptado de forma general la práctica de jugar videojuegos, todavía continúa el imaginario de que jugar videojuegos está asociado con un grado de infantilidad en las personas que practican este tipo de entretenimiento.

"Me decían que era una nena chiquita por estar jugando todavía videojuegos." (Participante 5)

"Yo puedo decir que los que van mucho a fiestas son unos borrachones y unos fiesteros pero ellos entienden que eso está bien porque esa es su diversión. Lo mismo pasa con nosotros. Dicen ah, estos ignorantes nenes chiquitos que lo que hacen es jugar con Nintendo, pues esa es mi forma de divertirme. Tu allá en la tuya y yo acá en la mía." (Participante 3)

La aceptación de los videojuegos como una práctica cada vez más generalizada ha llevado a los/as participantes a reflexionar sobre los posibles efectos, positivos y negativos de los videojuegos. Como aspectos positivos mencionan que:

"Me ha ayudado en seguridad, en enfoque, disciplina, reflejos, todo eso. Pienso que me ha ayudado positivamente." (Participante 4)

"Yo creo que los videojuegos, no creo, estoy seguro, que los videojuegos aportaron significativamente con que rápido yo aprendí el inglés." (Participante 5)

Por último, uno de los temas presentes en las entrevistas de los/as participantes es el uso de la violencia en los videojuegos y los posibles efectos que esto podría tener un los/as videojugadores/as. Todas las personas entrevistadas coincidieron en que no existe un vínculo causa efecto entre jugar videojuegos y expresar comportamiento violento:

"Yo creo que la gente que va a hacer algo, como matar, lo va a hacer juegue o no juegue videojuegos porque más violento y explicito que las películas de Hollywood no hay nada, entiendo yo. No tienes que irte tan lejos, vete a la televisión a las 5 de la tarde en las noticias, mataron a 5, mataron a 10 en el fin de

semana. *Que más violencia que eso. Yo entiendo que los videojuegos es algo ficticio, es un personaje creado en computadora. Si, muchos juegos, la mayoría, son violentos o tienen que ver con disparar algo. Pero no creo que eso te lleve a matar gente o a agredir a personas."* (Participante 5)

"Hay videojuegos, Ace Attorney que es de abogados, por más que tu lo juegues no eres abogado. Hay otro que se llama Harvest Moon, que es de finca, que por más que lo juegues no vas a ser...hay otro que se llama Cooking Mama de cocinar, por más que juegues no vas a ser cocinero. Cuando se llega a estos niveles extremos donde hay violencia o se mata a alguien es porque hay otros factores. Lo que pasa es que siempre, ah videojuegos, hay otros factores. Si de verdad esto hubiera sido algo negativo créeme que todos nosotros estaríamos afectados de alguna manera." (Participante 4)

Para las personas entrevistadas, la violencia en los juegos no es un asunto de preocupación para los/as videojugadores/as, pero hacen una excepción cuando un juego violento podría ser jugado por un/a niño/a. Según los/as participantes, los padres y las madres deben ejercer su criterio para decidir qué tipo de juego permiten jugar a sus hijos/as/:

"Si los padres saben que un juego es bastante violento para el niño, para su edad, deberían considerar que no es para él. Si saben que su hijo expresa violencia desde chiquito, pues uno sabe más o menos como eso puede afectar al nene cuando crezca o como él juega el juego." (Participante 1)

"Aquí no hay malos juegos, aquí hay malos padres."
(Participante 2)

En el Stage VIII se analiza con más detalle la información recopilada durante las entrevistas, la combinaremos con la información obtenida en las observaciones etnográficas y con la información provista por la encuesta en línea buscando obtener una mayor comprensión de las prácticas y preferencias de los/as usuarios/as de los videojuegos en Puerto Rico para comprender como estas prácticas se entrelazan a otras prácticas sociales y culturales para contribuir a crear un espacio social de interrelación, identidad y representación social.

Análisis temático de las entrevistas semi estructuradas

"Es como vivir otra vida. Es como que tú te metes en la vida de ese personaje ficticio y tú eres él. Pues, cosas que tu generalmente no puedes hacer como volar, pues lo puedes hacer con ese personaje o con esa cosa." Participante 3

"Para mí es como...yo me conecto tanto a eso que me olvido de que el mundo existe." Participante 5

Siguiendo el trabajo de Mieles Barrera, Tonon y Alvarado Salgado (2012), las respuestas ofrecidas por los/as participantes se agruparon alrededor de cuatro temas: Identidad, Sentido de comunidad, Percepción social de los/as videojugadores/as y Uso de la violencia en los juegos. Esto corresponde con la tercera fase propuesta por estos autores para llevar a cabo un análisis temático. A partir de esta codificación fue que se identificaron los temas que a continuación discutiremos.

Sobre el tema de Identidad[28], el cual mencionamos anteriormente, las personas entrevistadas expresaron que los videojuegos forman, y siempre han formado, parte esencial en sus vidas. Recapitulando lo que expusimos a partir del trabajo Íñiguez Rueda (2001) sobre la identidad, el desarrollo de una identidad, nos permite obtener cierta seguridad sobre quienes somos al permitirnos identificarnos y diferenciarnos de otros. Esta identificación se da, no de forma individual, sino en el contexto social.

Los/as participantes, mencionaron, que al haber estado vinculados a los videojuegos desde temprana edad, entienden que estos han contribuido positivamente en varios aspectos de sus vidas. Entre los beneficios que expresan haber obtenido al jugar videojuegos están el aprendizaje del idioma inglés, el desarrollo de destrezas para resolver problemas, les ha servido para desarrollar seguridad en sí mismos, a enfocarse, a ser disciplinados y a desarrollar buenos reflejos.

De igual forma, los/as participantes plantean que los videojuegos les permiten liberar el estrés, relajarse y desconectarme de sus problemas de la vida cotidiana, viviendo de forma temporal una vida alterna en donde todo es posible. Esto no significa que la persona olvida su vida real, simplemente significa la opción de dar una pausa a la misma y explorar otras posibilidades, retomando su vida cotidiana una vez culmina su tiempo de juego. Esta práctica los/as distingue de otras personas, las cuales pueden liberar el estrés y desconectarse de las vida cotidiana practicando deportes, bailando o consumiendo bebidas alcohólicas con amistades.

Para las personas entrevistadas, jugar no representa

---

28 Siguiendo el trabajo de Iñiguez Rueda, (2001) entendemos el concepto identidad como un "constructo relativo al contexto sociohistórico en el que se produce, un constructo problemático en su conceptualización y de muy difícil aprehensión desde nuestras diferentes formas de teorizar la realidad social." (p.1).

solamente la posibilidad de entretenerse y relajarse, también constituyen una forma de retarse. Como lo plantea uno de los entrevistados:

"Los videojuegos algo hacían aquí arriba, en la cabeza que te estimulaban, así como uno hacía ejercicios para el físico, mi estimulo mental, que me ayudaba a desenvolverme, eran los videojuegos."
Participante 2

El reto también se relaciona con la necesidad de mantenerse al día con el desarrollo de los juegos. Como consecuencia de las rápidas transformaciones que sufre la tecnología, los/as jugadores/as se ven en la necesidad de mantenerse al día con las nuevas tendencias y cambios, lo que representa un reto constante. Jugar videojuegos conlleva un proceso de estudio continuo, no solo para poder obtener mayor provecho del elemento tecnológico, sino también para obtener del juego todo lo que puede ofrecer.

No todas las experiencias con videojuegos son positivas. Una de las personas entrevistadas señaló que en ocasiones ha sentido que se ha aislado socialmente. Particularmente con el juego *Skyrim* (juego del tipo mundo abierto, donde se llevan a cabo combates en tiempo real) la persona expresó que declinaba invitaciones de sus amistades para compartir y prefería quedarse jugando. De la misma manera, al momento de asumir otras responsabilidades como estudiar, prefería jugar a estudiar y esto afecto su desempeño académico. Otros participantes compartieron experiencias similares. Lo importante, según expresaron, estaba en no cometer excesos relacionados con el tiempo de juego. Esta conclusión probablemente fue producto de un proceso de reflexión motivado por su experiencia como videojugadores/as.

Los/as participantes de las entrevistas señalaron en diferentes momentos que a pesar del gran tiempo que le dedican a los juegos, estos/as entienden que jugar videojuegos es un pasatiempo, similar a otros pasatiempos practicados por otras personas. Sin embargo, representan una parte importante de sus vidas y la idea de no jugar es algo que ni siquiera han contemplado.

Es meritorio mencionar que uno de los elementos más importantes señalados por la mayoría de las personas entrevistadas fue que a partir de los videojuegos estos/as han desarrollado un sentimiento de pertenencia a un grupo. Por ejemplo, durante las observaciones etnográficas pudimos constatar el apoyo que se brindan entre los miembros de la comunidad, ya sea colaborando con equipos (como televisores), para los torneos o dividiendo los gastos de un torneo entre todos los miembros del grupo.

Lo expresado por los/as participantes sobre este particular fue recogido en el tema Sentido de Comunidad. Algunos de los/as entrevistados/as señalaron que a través de los videojuegos comenzaron otros procesos en sus vidas, como crear blogs para compartir información y noticias sobre videojuegos. Este proceso contribuyó a que se relacionaran con otras personas con intereses similares y a crear lazos de amistad y colaboración. Algunas personas entrevistadas se calificaban como personas tímidas, pero al momento de interactuar con otras personas que jugaban videojuegos el proceso de socialización le resultaba más cómodo. Esta comodidad se debe, como lo expresó uno de los participantes, al hecho de que domina el tema. Es decir, como los videojuegos se constituyen como un campo de relaciones sociales, como lo planteamos anteriormente a partir del trabajo de Bourdieu (2005), los/as videojugadores/as tienen un amplio capital cultural vinculado a los videojuegos que les permite desarrollar estrategias de socialización basadas en la prácticas sociales que forman parte de su campo.

Algunas de las personas entrevistadas señalaron que pertenecían a una raza diferente o que formar parte de las comunidades de videojuegos era como estar en familia. Este sentimiento de pertenencia contradice el imaginario social de los/as videojugadores/as como personas poco sociables que prefieren interactuar con un elemento virtual en lugar de con otras personas. Sin embargo, el sentido de comunidad que expresan las personas entrevistadas se evidencia en prácticas tales como organizarse para realizar actividades conjuntas, como los torneos, y dividir los gastos que se requieren para llevar a cabo la actividad. También en la disposición de buscar a aquellas personas que no tienen transportación para que puedan disfrutar de la actividad, tal como lo señaló uno de los participantes.

Con relación al tema de Percepción social sobre los/as videojugadores/as, recapitulamos lo planteado a partir del trabajo de Mäyrä (2010), cuando señala que el estudio de los videojuegos y de los/as videojugadores/as es importante ya que a través de ellos podemos entender la cultura del juego (*game culture*), y a partir de este estudio de la cultura del juego, comprender los juegos y los significados que le atribuyen los/as jugadores/as y las razones por las que juegan los juegos.

El tema de la percepción social sobre los/as videojugadores/as puede entenderse de dos formas: en primer lugar, la Percepción de aquellas personas que no juegan videojuegos y, segundo, la percepción de aquellas personas que juegan. Según las personas entrevistadas, la percepción de las personas que no juegan videojuegos es que es esta es una actividad realizada por niños/as pequeños/as y el jugar videojuegos es visto como algo infantil. Sin embargo, entienden que esta percepción está comenzando a cambiar. Debido a la constante presencia de los videojuegos en la cultura popular y a un creciente número de usuarios, la percepción sobre las personas que juegan videojuegos ha cambiado en los últimos años. De ser una práctica infantil, exclusiva de *nerds, geeks* y personas socialmente introvertidas, ahora jugar videojuegos se constituye como una práctica cada vez más común, especialmente en las personas jóvenes.

Incluso, jugar videojuegos ha alcanzado un nivel de competitividad tal que ha permitido que ciertos juegos lleguen a ser considerados como un deporte más, trayendo consigo la legitimación que ofrece el jugar de forma profesional y no solo de manera recreacional. La percepción social de aquellos que juegan sobre lo que significa ser un videojugador también ha cambiado. Entre los/ as videojugadores/as, el jugar constituye un punto de encuentro con los/as otros/as jugadores. A pesar de que puedan existir jerarquizaciones, como ser novato, normal o experto, entre otras, lo realmente importante es que todos/as comparten su afición por los videojuegos. Esto se evidencia a partir de las siguientes expresiones de los participantes:

"Cuando tú empiezas a jugar videojuegos y estas en contacto con estas comunidades de gaming tú te sientes como en familia, tú te sientes normal." (Participante 2)

"Me gusta siempre estar en equipo. No soy una persona que me gusta estar solo porque siempre es mejor estar con amigos. Y creo que sí, uno disfruta más los videojuegos con sus amigos. Creo que eso es también parte de todo." (Participante 1)

Por último, en el tema de Uso de la violencia en los videojuegos, los/as participantes coincidieron en que la violencia presente en los juegos no afecta de forma adversa a los/as videojugadores/as. Esto es contrario a lo expuesto en el Stage I siguiendo el trabajo realizado por Anderson & Gentile (2006), entre otros, en los que se señalaba una posible relación causal entre jugar videojuegos y comportamientos agresivos en los/as usuarios/as.

En términos generales, los/as participantes expresan que si la violencia en los juegos tuviera algún efecto, ellos/as deberían sentir dichos efectos negativos. Las personas entrevistadas entienden que la relación de la violencia y los videojuegos es una compleja. Es decir, cuando una persona que juega videojuegos comete un acto violento, dicho acto no es consecuencia exclusiva de jugar videojuegos sino el resultado de una serie de múltiples factores que contribuyen en la expresión de comportamiento violento.

"Yo creo que la gente que va a hacer algo, como matar, lo va a hacer juegue o no juegue videojuegos porque más violento y explicito que las películas de Hollywood no hay nada, entiendo yo. No tienes que irte tan lejos, vete a la televisión a las 5 de la tarde en las noticias, mataron a 5, mataron a 10 en el fin de semana. Que más violencia que eso. Yo entiendo que los videojuegos es algo ficticio, es un personaje creado en computadora. Si, muchos juegos, la mayoría, son violentos o tienen que ver con disparar algo. Pero no creo que eso te lleve a matar gente o a agredir a personas." (Participante 3)

Las personas entrevistadas no están de acuerdo con el vínculo causal entre jugar y expresar comportamiento violento porque no lo han experimentado directamente a pesar de jugar videojuegos por años ni conocen a nadie que lo haya experimentado, más allá de la expresión del llamado *Rage Quit*. Cuando hablamos de *Rage Quit* hacemos referencia a aquellos momentos en que un/a jugador/a, motivado/a por el resultado adverso del juego, lanza el control u otro objeto, contra el suelo u otro lugar, o usa lenguaje soez contra otras personas, o les grita, para expresar las emociones evocadas por un juego en un determinado momento, llegando incluso a abandonar la partida, ya sea esta individual o grupal, tanto presencial como en línea. Aunque las personas entrevistadas reconocen que el fenómeno del *Rage Quit* es uno común en la comunidad de videojugadores/as, también reconocen que dicho comportamiento no dura más que unos pocos minutos después de haber sido expresado y que no tiene consecuencias negativas a largo plazo.

En síntesis, las personas entrevistadas coinciden en que el uso de la violencia en los videojuegos no representa un factor que de forma individual contribuya en la expresión de comportamiento violento. De la misma forma que jugar un juego cuyo personaje principal es un abogado no te convierte en abogado, ni jugar un juego de cocina te convierte en cocinero, jugar un juego en el cual se use la violencia no te convierte en un sujeto de violencia. Estos hallazgos contrastan con los propuestos en los estudios discutidos en el primer stage (Gentile & Anderson, (2011); Anderson (2010), Anderson, Shibuya, Ihori, Swing, Bushman, Sakamoto, Rothstein, Saleem, (2010), Gentile & Anderson, (2006); Gentile & Stone, (2005)) en los que se plantea una correlación entre jugar videojuegos con contenido considerado violento con la expresión de comportamientos violentos. Es decir, estos autores plantean que al jugar videojuegos violentos, los/as videojugadores/as adquieren una serie de formas agresivas de interacción, ya sea en forma de guiones de comportamiento o como formas de imitación, según discutimos en el Stage I, que llevarían a estos a comportarse de forma agresiva hacia otras personas. Sin embargo, las personas videojugadoras entrevistadas rechazan la idea que plantea que jugar videojuegos violentos contribuya a hacer violentas a las personas. De esta forma lo expresó una de las personas entrevistadas cuando señaló:

"*Yo no estoy de acuerdo con eso, que una gente sea violenta porque juega videojuegos violentos. Nada que ver. Yo pienso que para ellos es como liberarse de muchas cosas y en vez de estar matando por ahí gente lo matan virtualmente y después vuelven a la realidad y saben que no pueden matar gente.*" (Participante 5)

STAGE VIII
Conclusiones y recomendaciones para futuros trabajos investigativos

Cuando comenzamos este estudio, nuestro interés investigativo principal giraba alrededor de las experiencias, practicas, preferencias y hábitos de los/as videojugadores/as en Puerto Rico. Finalmente, podemos ofrecer datos sobre la cultura de los/as videojugadores/as en Puerto Rico. En primer lugar, la mayoría de las personas que juegan videojuegos en Puerto Rico son hombres jóvenes entre los 19 y 21 años. Esto se desprende de los resultados de la encuesta en línea así como de las observaciones realizadas en los escenarios visitados (ventas de medianoche y exhibiciones o torneos de videojuegos).

En segundo lugar, en este estudio, los videojugadores son jóvenes con preparación académica universitaria o en proceso de adquirirla. Es decir, son personas que están estudiando o estudiaron a nivel universitario y para los cuales jugar videojuegos no es un ejercicio para jóvenes adolescentes sino para ellos también, convirtiéndose incluso en una forma de lidiar con el estrés producido por la vida universitario o la vida laboral. Esto fue evidente en la encuesta en línea así como en las entrevistas. Tercero, jugar videojuegos no es solo una actividad que se realiza de forma aislada sino que sirve como un vehículo para establecer y mantener relaciones de amistad, según fue expresado durante las entrevistas. De

igual forma, la encuesta demostró que los/as videojugadores/
as prefieren jugar con amistades, particularmente en línea,
pero también juegan en línea con extraños, los que podrían
terminar convirtiéndose en amistades en la vida cotidiana.
Esto fue observado en las tres técnicas de recolección de
datos. En cuarto lugar, los videojuegos contribuyen a crear
un espacio de aceptación para todos aquellos que participan
de los mismos. Esto se observó en las entrevistas y en las
observaciones etnográficas. Dar cuenta del sentido de
pertenencia a partir de la práctica de los videojuegos fue uno
de los elementos más significativos de nuestra investigación.

Siguiendo a Maffesoli (2004), al inicio de este libro
planteamos la interrogante sobre si los/as videojugadores/
as podrían ser considerados como una tribu contemporánea
según los planteamientos teóricos de este autor. En este
punto debemos responder que sí. Según este autor, "[e]l
tribalismo nos recuerda, empíricamente, la importancia del
sentimiento de pertenencia, a un lugar, a un grupo, como
fundamento esencial de toda vida social." (Maffesoli, 2004,
p. 2). Este sentimiento lo podemos evidenciar con varias de
las expresiones obtenidas durante el proceso de entrevistas
y presentadas en el stage anterior. La idea de sentirse parte
de una raza diferente o entender a los miembros que forman
parte de su comunidad de videojuegos como parte de su
familia nos ofrecen elementos en esta línea.

No solo las entrevistas nos demuestran que los/as
videojugadores/as pueden ser considerados como una
tribu, según el trabajo de Maffesoli (2004), también las
interacciones que tienen lugar en distintos escenarios apoyan
esta premisa. La facilidad con que fluyen las interacciones en
los torneos nos hace llegar a la conclusión que los videojuegos
se constituyen como un punto de encuentro e identificación
entre los miembros de un determinado grupo social. El
nivel de aceptación en estos espacios se produce solo por el

vínculo que se comparte a través de los videojuegos. El mito del/la videojugador/a como un sujeto solitario y antisocial no se sostiene cuando uno asiste y observa los escenarios en los que interaccionan los/as videojugadores/as o conversa con ellos/as.

De igual forma, planteamos en el Stage II, esta vez siguiendo a Pierre Bourdieu (2005), la pregunta sobre si los videojuegos pueden ser considerados como un campo social que contribuye en el desarrollo de un *habitus*. Recapitulando lo presentado en el primer stage, para Bourdieu (2005), la relación entre el campo y el *habitus* opera de dos maneras: el campo estructura el *habitus* y el *habitus* contribuye en la construcción del campo como mundo al dotarlo de sentido y de valor social. Según esto, podríamos plantear que al jugar videojuegos, se va creando en el/la videojugador/a una forma particular de ver el mundo, la cual le provee estructuras mentales y cognitivas y que impone aquello que debe ser hecho o dicho al interior de un campo. En este sentido, el campo de los videojuegos, tanto virtual como presencial, contribuye en la creación de una identidad así como de escenarios en que dicha identidad puede ser expresada y compartida con otras personas al interior del campo. En síntesis, los videojuegos constituyen un campo social que contribuye en la estructuración de un *habitus*[29] en los/as videojugadores/as que posibilita el intercambio social entre los miembros del campo.

Esta visión de los videojuegos como campo podemos identificarla de varias maneras. Adicional a lo que señalamos

---

29 Las características de este *habitus* se circunscriben al conocimiento que debe poseerse de los juegos (tanto los juegos clásicos como los ultimo juegos en el mercado), de las estrategias de juego, de las casas desarrolladoras, de los creadores, y diseñadores de videojuegos. El manejo de este conocimiento, adicional al ejercicio de jugar videojuegos, por lo menos de forma casual, es lo que permite que una persona sea considerada como un *gamer* o videojugador al interior de las comunidades de videojugadores/as.

anteriormente, podemos señalar otros elementos relacionados al *habitus*, como por ejemplo el uso de palancas (*arcade sticks*) en los torneos, lo que es algo particular y distintivo en este escenario. Participar de estos escenarios plantea la expectativa de que la persona que se presenta está interesada en una experiencia de juego más completa y competitiva. El reconocimiento de quiénes son los/as mejores jugadores/as en y fuera de Puerto Rico nos señala un proceso de jerarquización que estructura las prácticas sociales entre los/as jugadores. En la medida en que jugar videojuegos se constituya cada vez más como un ejercicio cada vez más practicado y reconocido, en ocasiones similar a lo que ocurre con los deportes tradicionales, esto contribuirá a desdibujar las fronteras de los entendidos sociales vigentes sobre los/as videojugadores/as/.

De igual forma, la discusión de estrategias de juego se constituye como una práctica social que dependerá del capital cultural sobre videojuegos que posea la persona. Si no se conoce un juego o una serie de juegos en particular, la interacción entre los miembros que componen el grupo se dificulta. En síntesis, el jugar videojuegos vincula a las personas y las reúne en un espacio de relaciones sociales que gira a partir de su experiencia de juego, su conocimiento de los juegos y de las estrategias vinculadas a estos, así como determina que se juega, como debe jugarse y qué tipo de aditamentos tecnológicos se debe poseer para poder realizar y disfrutar de la experiencia de juego.

Como todo trabajo investigativo, en nuestro trabajo podemos mencionar varias limitaciones. Las mayores limitaciones de este trabajo redundaron en relación al tiempo. Para poder desarrollar un conocimiento que nos permitiera interactuar con los participantes debimos estar presentes en las actividades y mantenernos al corriente de los juegos que se jugaban al momento. Algunas de las referencias utilizadas por los/as videojugadores/as como ejemplos para exponer algún punto o contestar alguna pregunta hacían referencias a juegos recientemente estrenados, lo que implicó el destinar tiempo para jugar con el fin de poder comprender los significantes utilizados por los/as participantes.

Una de las limitaciones más significativas que enfrentamos es simultáneamente una de las recomendaciones para trabajos futuros. Para este trabajo se nos hizo difícil el reclutar participantes femeninas para la investigación. En parte porque el numero de féminas en las actividades públicas en donde interactúa la comunidad de videojugadores/as es reducido. Como mencionamos anteriormente, los escenarios de encuentro de los/as videojugadores/as son predominantemente masculinos, así que no hubo mucha oportunidad. Aun aquellas que logramos contactar tenían otra particularidad, parecían ser más tímidas e inaccesibles en comparación con los participantes masculinos. Incluso, una de las féminas que contactamos inicialmente para las entrevistas se retiro del proceso a pesar de haber hecho un compromiso para participar y mostrarse muy interesada en la investigación. Desconocemos cuales son los factores que contribuyen a esta poca accesibilidad y cooperación de esta población en la investigación. Proponemos que la relación entre las variables género y hacer uso de los videojuegos es algo que debe ser estudiado en Puerto Rico.

Otras investigaciones que podemos sugerir a partir de la experiencia en este estudio están relacionadas con las otras comunidades que encontramos durante nuestra investigación. En el interés de estudiar las interacciones sociales y culturales que tienen lugar en la sociedad puertorriqueña de videojugadores/as encontramos que existen múltiples grupos o subculturas que comparten ciertas similitudes, así como diferencias, con las comunidades de videojugadores/as. Nos referimos específicamente a las comunidades de *cosplayers* y de jugadores de cartas, como por ejemplo los jugadores de cartas *Yu-Gi-Oh!*. Durante las observaciones etnográficas realizadas, pudimos constatar que hay personas que transitan en más de una de estas comunidades. Nos parece de interés el estudiar los puntos de encuentro y desencuentro entre cada una de estas comunidades. Entendemos que es importante desarrollar estas investigaciones ya que nuestra impresión es que la presencia de los *cosplayers* es cada vez mayor en la sociedad puertorriqueña contemporánea y es un fenómeno que probable se incremente en los próximos años.

Con relación a otras posibilidades de investigaciones con videojuegos, nos parece importante que se realicen investigaciones en Puerto Rico sobre los posibles vínculos entre los videojuegos y la violencia, la construcción de la identidad y las formas en que estos construyen espacios virtuales en los que interactúan las personas. Ya se han llevado a cabo trabajos investigativos sobre estos temas, pero estos se han hecho en otros contextos sociales y culturales. Es necesario llevarlos a cabo en el contexto social y cultural de Puerto Rico y observar si los resultados obtenidos en otros contextos son similares o difieren de aquellos resultados que se puedan obtener en la isla. El trabajo investigativo en Puerto Rico nos proveerá información sobre uno de los medios audiovisuales interactivos que más presencia tiene en la sociedad puertorriqueña contemporánea. Tomando esto en consideración, la invitación que extendemos a otras personas interesadas en hacer investigaciones con videojuegos es simplemente... **¡Game On Puerto Rico!**

BONUS STAGE
-REFERENCIAS-

x57

LEVEL 2

REFERENCIAS

Aristóteles. (2004). *Ética nicomaquea*. Buenos Aires: Editorial Lozada.

Anderson, C. (2010). Violent Video Games and Other Media Violence (Part I). Recuperado el 15 de octubre de 2012 de: http://www.psychology.iastate.edu/faculty/caa/abstracts/2010-2014/10PartI.pdf.

Anderson, C. (2010). Violent Video Games and Other Media Violence (Part II). Recuperado el 15 de octubre de 2012 de: http://www.psychology.iastate.edu/faculty/caa/abstracts/2010-2014/10PartII.pdf.

Anderson, C., Shibuya, A., Ihori, N., Swing, E., Bushman, B., Sakamoto, A., Rothstein, H. Saleem, M. (2010) *Violent Video Game Effects on Aggression, Empathy, and Prosocial Behavior in Eastern and Western Countries: A Meta-Analytic Review*. Recuperado el 15 de octubre de 2012 de http://www.apa.org/pubs/journals/releases/bul-136-2-151.pdf

Andres, L. (2012). *Designing & Doing Survey Research*. SAGE Publications: London.

Atkinson, P. and Hammersley, M. (2007). *Etnography: principales in practice*. Routledge: Londres.

Bandura, A., Ross, D. & Ross, S. (1961). *Transmission of aggression through imitation of aggressive models.* Recuperado el 10 de febrero de 2015, de *http://psychclassics.yorku.ca/Bandura/bobo. htm*

Berkowitz, L. (1996). *Agresión: causas, consecuencias y control.* Bilbao: Desclée de Brouwer.

Blank, G. (1990). Vygotski: El hombre y su causa. En L. Moll (Ed.). *Vygotsky y la educación* (pp. 45-54). Buenos Aires: Aique.

Boellstorff, T. Nardi, B., Pearce, C. and Taylor, T.L. (2012). *Ethnography and virtual worlds.* Princeton University Press: New Jersey.

Bourdieu, P. y Wacquant, L. J. D. (2005). *An Invitation to Reflexive Sociology.* London: The University of Chicago Press.

Carrasco Ortiz, M.A. & González Calderón, M.J.(2006). Acción Psicología, junio 2006, vol.
4, no. 2, 7-38. Recuperado el 19 de enero de 2015 de https:// extension.uned.es/archivos_publicos/webex_actividades/4487/ violenciajuvenil1.pdf

Cerezo Ramírez, F. (2002). *Conductas agresivas en la edad escolar. Aproximación Teórica y metodológica. Propuestas de Intervención.* Madrid: Ediciones Pirámides

Čulig, B. and Izvor Rukavina, I. (2012). *Psychosocial and Sociocultural Determinants of Typology of Video Gamers.* En Brackin A. and Guyot, N (Eds). Cultural Perspectives of Video Games: from designer to player. Inter-Disciplinary Press 2012. Disponible en: http://www. inter-disciplinary.net/publishing/id-press/

Dajas, F. (2010). *El cerebro violento. Sobre la psicobiología de la violencia y los comportamientos agresivos.* Revista de Psiquiatría del Uruguay 2010; 74 (1):22-37.

El videojugador español: perfil, hábitos e inquietudes de nuestros gamers. (2011) Asociación española de Distribuidores y Editores de Software de Entretenimiento (aDeSe). Recuperado el 13 de diciembre de 2012 de: http://www.adese.es/index.php?option=com_mtree&task=att_download&link_id=36&cf_id=30

Freud, S. (1983). El malestar en la cultura. En *Ensayos técnicos y sociales.* (pp. 9-98). Río Piedras: Editorial Edil.

Figueroa, H. & González, B. (En proceso). Emerging Technologies: Challenges and opportunities for Community Psychology. En M. Bond, C. Keys & I. Serrano-García (Eds.) *Handbook of Community Psychology.* Washington, DC: American Psychological Association.

Figueroa Sarriera, H. (2014). *Redes sociales: una agenda de investigación para la Psicología.* https://www.academia.edu/6358836/Redes_sociales_una_agenda_de_inve stigaci%C3%B3n_para_la_Psicolog%C3%ADa_1

Gaming Britain: A Nation United by Digital Play. (2011). IAB Games Steering Group. Recuperado el 13 de diciembre de 2012 de: http://www.iabuk.net/sites/default/files/research-docs/Gaming%20 Britain%20-%20booklet.pdf

García Galera, M.C. (2000). *Televisión, violencia e infancia.* Barcelona: Editorial Gedisa.

Gee, J.P. (2003). *What video games have to teach us about learning and literacy.* New York: Palmgrave McMillan.

Gentile, D. (2005). Examining the effects of video games from a psychological perspective: Focus on violent games and a new synthesis. Recuperado el 15 de octubre de 2012 de http://www.

psychology.iastate.edu/~dgentile../pdfs/Gentile_NIMF_Review%20
_2005.pdf

Gentile, D. & Anderson, C. (2011). Don't Read More Into the
Supreme Court's Ruling on the California Video Game Law.
Recuperado el 15 de octubre de 2012 de http://www.psychology.
iastate.edu/faculty/caa/Multimedia/VGV-SC-OpEdDDAGCAA.pdf

Gentile, D. & Anderson, C. (2006). *Violent Video Games: The Effects
on Youth, and Public Policy Implications.* Chapter in N. Dowd,
D.G. Singer & R.F. Wilson, (Eds). Handbook Children, Culture and
Violence. (pp 225-246). Thousand Oaks, CA, Sage.

Gentile, D. & Stone, W. (2005). Violent video game effects on
children and adolescents A review of the literature. Recuperado
el 15 de octubre de 2012 de: http://wstone.public.iastate.edu/
Gentile%20&%20Stone%20(2005).pdf

Giménez, G. (1997). *La sociología de Pierre Bourdieu*. Recuperado el
27 de enero de 2013 de: http://www.paginasprodigy.com/peimber/
BOURDIEU.pdf

Greenfield , P.M. (1984). *Mind and media*. Massachussets: Harvard
University Press.

Gros, B. (1998). *Jugando con videojuegos: educación y
entretenimiento.* Bilbao: Desclée De Brouwer.

Gubern, R. (1996). *Del bisonte a la realidad virtual*. Barcelona:
Anagrama.

Hammersley, M. & Atkinson, P. (2007). *Ethnography. Principles in
practice*. Third edition. Routledge: London.

Harris, M. History and significance of the Emic/Etic Distintion.
Annual Review of Anthropology, Vol. 5 (1976), pp. 329-350.

Publish by Annual Reviews: Recuperado de: http://www.jstor.org/stable/2949316

Huizinga, J. (2010). *Homo Ludens*. Buenos Aires: Emecé

Hussein, A. (2009). *Journal of Comprative Social Work 2009/1*. The use of Triangulation in Social Sciences Research: Can qualitative and quantitative methods be combined? University of Adger: Norway.

Inda G. y Duek, C. (2005). El concepto de clases en Bourdieu: ¿nuevas palabras para viejas ideas? Recuperado el 27 de enero de 2013 de: http://www.apostadigital.com/revistav3/hemeroteca/indayduek.pdf

Iñiguez Rueda, L. (2001). Identidad: De lo Personal a lo Social. Un Recorrido Conceptual. En Eduardo Crespo (Ed.), *La constitución social de la subjetividad*. (p. 209-225). Madrid: Catarata.

Kent, S. (2001). *The ultimate history of videogames*. California: Prima.

King, G. & Krzywinska, T. (Eds.) (2002). *ScreenPlay*. Londres: Wallflower Press.

Levis, D. (1997) *Los videojuegos: un fenómeno de masas*. Barcelona: Paidos.

Lorenz, K. (1974). *Sobre la agresión: el pretendido mal*. México: Siglo XXI Editores.

Luria, A.R. (1995). Conciencia y lenguaje. Madrid: Aprendizaje Visor.

Maffesoli, M. (2004). *El tiempo de las tribus*. Recuperado el 27 de enero de 2013 de:
http://www.um.es/tic/LIBROS%20FCI-II/Maffesoli%20Michel%20-%20El%20Tiempo%20De%20Las%20Tribus.pdf

Martín Baró, I. (1985). *Acción e ideología*. El Salvador: UCA Editores.

Murchinson, J. (2010). *Ethnography Essentials. Designing, Conducting, and Presenting Your Research*. Josey-Bass: California.

Potter, W.J. (2003). *The 11 myths of media violence*. California: SAGE Publications.

Rodríguez Ramos, A. (2012). La criminalización del entretenimiento violento: los videojuegos como espacio de transgresión de lo cotidiano. 187-209. En Serrano Rivera, S. Ed. *Registros Criminológicos Contemporáneos*. Ediciones Situm: Puerto Rico.

Sanmartín, J (2000). *La violencia y sus claves*. Barcelona: Editorial Ariel.

Sanmartín, J. (1998). *Violencia, televisión y cine*. Barcelona: Editorial Ariel

Schellenberg, J.A. (1994). *Los fundadores de la psicología social*. Madrid: Alianza Editorial.

Soria Fregozo C., Pérez Vega M. I., Flores Soto M. E., Feria Velasco A. I. (2008). *Papel de la serotonina en la conducta agresiva*. Revista Mexicana de Neurociencia Noviembre-Diciembre, 2008; 9(6): 480-489

Sturgis, P. (2012). Surveys and Sampling. En *Research Methods in Psychology*. 4th Edition. Breakwell, Glynis, Hammond, Sean, Fife-Schaw, Chris and Smith, Johnathan. SAGE Publications: Los Angeles.

Uzzel, D. and Barnett, J. Ethnography and Action Research. (2006). En *Research Methods in Psychology*. 3rd Edition. Breakwell, Glynis, Hammond, Sean, Fife-Schaw, Chris and Smith, Johnathan. SAGE Publications: Los Angeles.

Wertsch, J. (1991). Voces de la mente. Un enfoque sociocultural para el estudio de la Acción Mediada. Madrid: Aprendizaje Visor.

Wolf, M. & Perron, B. (Eds.) (2002) *The Videogame theory reader.* New York: Routledge.

Vygotsky, L.S. (1978). *Mind in Society. The Development of Higher Psychological Processes.* E.U.A.: President and Fellows of Harvard College.

Zizek, S. (2009). *Sobre la violencia. Seis reflexiones marginales.* Buenos Aires: Paidós

2012 Essential Facts about the computer and video game industry. Entertainment Software Association (ESA). Recuperado el 13 de diciembre de 2012 de: http://www.theesa.com/facts/pdfs/ESA_EF_2012.pdf

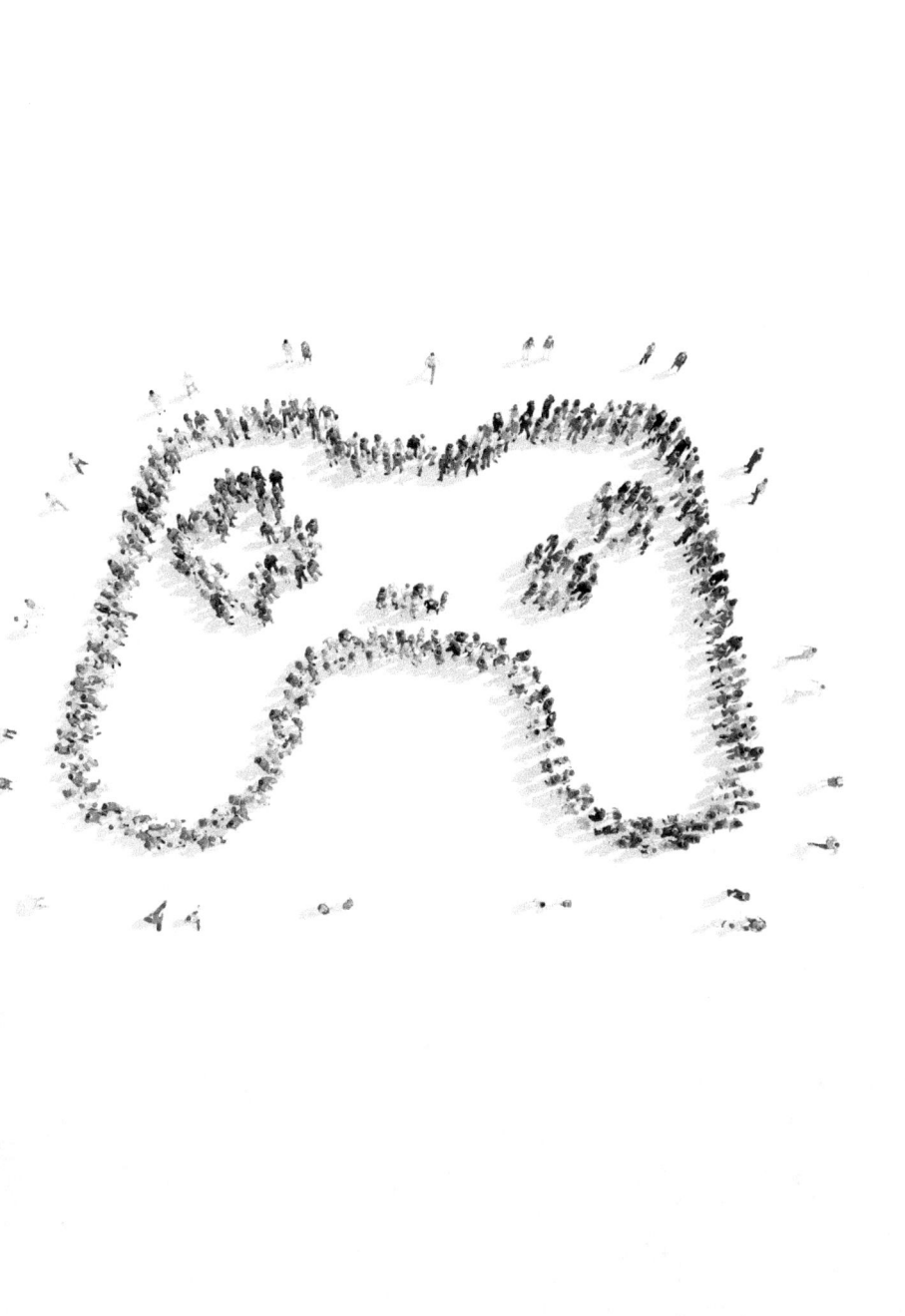